COLECCIÓN POPULAR

223

CORTO CIRCUITO

JUAN DE LA CABADA

CORTO CIRCUITO

INSTITUTOS TECNOLÓGICOS REGIONALES

FONDO DE CULTURA ECONÓMICA

MÉXICO

Primera edición, 1982

863
C1123c

D. R. © 1982, Fondo de Cultura Económica
Av. de la Universidad, 975; 03100 México, D. F.

ISBN 968-16-1201-9

Impreso en México

ACV-2645

93-9069

MI PRIMERA MUJER

Mi PRIMERA mujer, la primera que desnuda conocí, llamábase Faustina. Tendría ella cincuenta años y yo unos dieciséis. En la población donde nací, vivíamos en la casa de piedra del solar de mis padres. Había dentro del solar, además de la casa, varios cuartos que mi familia daba en arriendo. Un arrendatario de aquellos cuartos le pegaba diariamente a su mujer. Envidia me causaba este vecino y, ganoso de comenzar a imitarlo, una vez le pregunté:

—Oiga, amigo, y ¿cómo halla motivos para golpear a su mujer todos los días? Yo quisiera, discurro y no veo pie para poder hacer lo mismo con la mía.

Me contestó:

—Amigo, ¡si es tan fácil! Compras un kilo de carne; lo traes; se lo das a tu mujer, diciéndole que te lo haga en cinco guisos. Ella no querrá, no sabrá —de perezosa— o no podrá, y ahí tienes la primera ocasión para golpearla.

A la mañana siguiente compré el kilo de carne, y se lo di a la mujer con las palabras expresas que me había recomendado el inquilino. Pero resultó que cuando volví de mi trabajo, la carne estaba preparada en cinco guisos.

Apenas probé bocado por la desilusión y salí a la calle a distraerme. El vecino, que me aguardaba casi al marco de mi puerta, saltó, curioso y en voz baja, sobre mí:

—¿Qué tal? ¿Ya?. . .¿Le diste la paliza?

—No se pudo —respondí—, porque hizo perfectamente lo que le ordené.¡Soy muy infeliz!

—¡Qué torpe eres! —dijo el amigo—. Nada se te ocurre y ni atarías ni desatarías si, por ventura, no tuvieras amistades listas para darte buenas mañas. Fíjate y oye, óyeme bien esta nueva receta. Hoy es sábado, ¿no?

—Sí.

—¿Y es tuyo ese burrito que llevas a la leña los domingos? ¿Cómo le llamas?

—Se llama *Prudencio* y es de Faustina, mi mujer.

—Aún mejor: mañana domingo, a tu regreso de leñar, le das la vuelta frente a tu casa, lo coges por la cabeza y lo metes reculando. Tu mujer te gritará: "Eres un bruto. ¿Por qué lo metes al revés? ¡Pobre animal!" Tú te sulfuras e inmediatamente la golpeas.

El domingo, cuando regresé de leñar, puse a *Prudencio* tal cual me tenía aconsejado mi vecino. Como el burro no estaba acostumbrado, sembró sus cuatro patas en el suelo y no bastaban mis fuerzas para meterlo reculando. Entonces mi mujer, que se mecía en una hamaca, se levantó furiosa, agarró de la cola al animal y tiró de él; diciendo: —¡Aquí no vas a hacer lo que te dé la gana, burro del demonio; lo que mi marido haga está bien hecho!

Perdí otra vez la ocasión que tanto deseaba, y me fuí a bañar junto al pozo para bajar la rabia y refrescarme.

Así las cosas, murieron mis padres. Malbaraté su solar, y con este dinero pagué sus enfermedades, los entierros. Faustina vendió el burro. Tuve que abandonar la población y llevarme al monte a mi mujer. Se acabó el trabajo del monte y nos quedamos allá en la miseria. Entonces zumbaron a mi alrededor indirectas e improperios: "¡Grandísimo holgazán!" Yo pensaba: "No puedo mantenerla. Además, me he acostumbrado mucho con ella y no sirvo para pegar, no sé o no quiero hacerlo ahora". Pero llegó hasta el punto de insolentarse:

—¡Vete! ¡Ya estoy cansada de ti!

Y yo le dije, triste:

—Muy bien; sólo espero mi bastimento.

—Bueno— dijo.

Hizo el bastimento y me lo dio.

—Toma, lárgate y no vuelvas, ¡grandísimo gandul!

Cargué mi bastimento y me fui.

Llegué a un corriental de los muchos que hay en el camino, y me senté a la sombra de un árbol a comer. En esto vi que venía un arriero. Las mulas de carga pasaron, pero la de silla no quería pasar porque era bronca. El arriero sacó su cuarta y empezó a darle de cuartazos, pero la mula, terca, pateaba y se revolvía en el mismo lugar sin querer cruzar el agua. El arriero la tundió hasta que logró lo imposible: que la mula cruzara el corriental. Yo, en vista de aquello, corrí tras el arriero: ,

—Oiga, amigo, le compro a usted esa cuarta.

Me contestó:

—No te la puedo vender. ¡Cómo! ¿Acaso no has visto que mi bestia de silla, esta mula que monto, es muy cerrera?

Yo insistí:

—Véndamela, de favor.

Me preguntó:

—¿Para qué la quieres?

Dije:

—Es para pegarle a mi mujer. He mirado muy bien

que ese animal que traes es muy bronco. Sin embargo lo domaste, y ¿por qué yo no he de domar a mi mujer?

Entonces me dijo:

—¡Ah!, siendo para eso, amigo, te la obsequio.

Me dio la cuarta, y con ella sobre un brazo regresé donde había dejado a Faustina, que al divisarme gritó:

—¡Tan pronto regresas, grandísimo gandul!

—Sí, porque ya se me acabó el bastimento, viejita. Dijo:

—Te haré otro, pero te me largas en seguida, que ya no quiero verte más aquí.

—Está bien —suspiré, sentándome a descansar en una piedra—, y como es la última vez que te vengo a molestar, te ruego, además, que me pongas agua para que me bañe.

La mujer era tan diligente que al minuto me avisó:

—Ya está lista el agua.

—Bueno; pero ahora búscate una batea, vacíame allí el agua y ponme el jabón en la batea. Estos son mis deseos, ¡anciana!— le grité.

—¡Ah, qué caprichos tienes! Lo haré, con tal de que no me sigas molestando más.

Después que dispuso todo, le ordené:

—¿Sabes que me gustaría verte brincar de un lado a otro de la batea?

—¡Ah, qué caprichos tuyos! ¡Eso sí que nunca lo verás! ¡Es demasiado! Ya me tienes aburrida.

Le descargué, al cabo, un cuartazo, ¡uno solo!, y sin aguardar a que repitiese yo, brincó la tarde entera, de un lado a otro de la batea. . . y hubiera seguido brincando siempre, hasta la hora de su muerte, si de rodillas y con lágrimas de arrepentimiento no le hubiese suplicado que parase.

Desde aquel día la vieja me quiso más y más. Pronto me engancharon los contratistas para el corte de caoba, de donde gané lo indispensable al sustento y a la satisfacción de no parecer holgazán a los ojos de Faustina.

Nunca olvidaré yo, sin embargo, ese capricho, ni lamentaré bastante aquel cuartazo, porque mientras con sus pies desnudos estuvo mi difunta primera mujer saltando la batea, me cantaba:

> Quien durante la niñez
> no gozó goces de niño,
> de mayor y a la vejez
> —si a tal llega— será niño.

CUENTO, CAMA Y CHINCHES

ANDABA yo de juerga —¿ves?— en Azcapotzalco, para las kermeses que se celebran por octubre. Estuvimos bebiendo cerveza y ya para irme a dormir nos pusimos a tomar café con alcohol, hasta quedarme solo, borracho, en la esquina de una calle, y con la cabeza sobre las piernas de la vieja vendedora, quien me conocía y me dijo: "¡Bien hecho! Duérmete hasta que se te pase, porque si llegas a tu casa así, te medio mata tu mamá". De repente, sentí en el hombro una mano fuerte que me zarandeó, mientras preguntaba: "¿Usted conoce a Alfonso?"

—Sí — le contesté, pues tenía por entonces un amigo de ese nombre.

—¿Sabe dónde vive?

—Sí.

—Acompáñenos a su casa.

Me sumergieron en un coche y no supe más de mí sino al siguiente día, muy temprano, que desperté en la Inspección de Policía.

Esa misma mañana se me informó que Alfonso había matado a un chofer por la espalda y que yo "debía haber andado con Alfonso o saber su paradero".

De la Inspección, inmediatamente, me pasaron a Tacuba.

De Tacuba a San Bartolo; de San Bartolo a Tlalnepantla y de Tlalnepantla a Toluca. En San Bartolo me amarraron de pies y manos; mejor dicho, nos amarraron, pues conmigo, que me hallaba tendido en tierra, ataron y tendieron los fardos humanos de tres desconocidos. Mientras nos amarraban decían: "estos son los asesinos que matan a los hombres por la espalda". Y conversaron: "Camino a San Bartolo cometióse el crimen. Cierto viejito sorprendió a los individuos que estaban junto a mí, en el momento en que lavaban un coche ensangrentado. El viejito dio parte. Los asesinos anduvieron de parranda con unas *vampiresas*. Acabóseles el dinero por la Villa de Guadalupe, y al percatarse de que no tenían dinero para liquidar la cuenta, mataron al chofer. Llevaron el coche a San Bartolo. Por la carretera tiraron el cadáver a una barranca. Después siguieron y se pusieron a lavar el coche".

Un panzón de sombrero charro —a quien llamaban Comandante— y cinco indios, de calzón, cobija y carabina, eran la autoridad de San Bartolo. Cuatro gendarmes uniformados fueron los que me trasladaron de Tacuba a San Bartolo. Los dos grupos conferenciaron: "Este pueblo pertenece a la jurisdicción del Estado de México. Aquí termina nuestra misión. Ténganlos ahí. . . Se los entregamos completos". Los de San Bartolo respondieron: "A nosotros tampoco se nos quedan. Tienen que ser consignados al procurador de Toluca".

Como en San Bartolo no existe prisión, nos transportaron amarrados a Tlalnepantla. A las seis de la tarde llegamos. Nos desataron. Pasamos un patio, un galerón lóbrego, y nos encerraron a cada uno en una bartolina negra, muy pequeña, con gruesa puerta de madera reforzada por vigas. No hay aún hoy, supongo, cosa donde acostarse ni excusado. Al centro de la bartolina distinguíase algo así como una fuente redonda. En medio de la fuente, una tablita. La tablita está dispuesta para acomodarse en cuclillas, al sentir necesidad, y así hube de acomodarme durante la noche varias veces. Dormí. Aclarando, metieron dos gajitos de yerba para hervir y un jarrito. No me hablaron; pero vi por las paredes huellas de tizne y entendí que los presos se hacían hogueras para preparar lo mismo que yo debía preparar. Con el fósforo que encontré suelto en uno de mis bolsillos, papeles y pedazos de madera regados por allí, prendí lumbre y herví las yerbitas. Fue el desayuno. A las once nos sacaron al patio. Nos dieron una ración de frijoles bayos y seis bolas de masa a cada cual para que hiciéramos tortillas. Con dificultad, pero las hice y comí.

En la tarde salimos dentro de un camión, con diez soldados y un teniente. Sábado. Empezaba a oscurecer. Mucho frío. Uno que otro transeúnte indiferente, embozado y cabizbajo, por las calles desiertas de Tlalnepantla. Pronto, nadie. A la salida del pueblo nos bajaron. Nos colocaron en fila, de espaldas al callejón del cementerio. Yo agaché la cabeza y cerré los ojos un instante. Me acordaba de las flores, de todas las mujeres bonitas que había visto, de las facciones y los contados ratos alegres entre mis amigos que estaban en México, probablemente saliendo de trabajar, con su paga de la semana. ¡Sábado! ¿Qué harían? ¿A dónde irían esta noche a divertirse? Los picos y las curvas de las sierras. . . el sol. . . las estrellas. . . ¡Y los árboles!. . . Algunos cuadros de las pulquerías. . . Yo nunca había reparado en esto. . . Se me apareció Alfonso. . . Mi madre lloraba y reía. . . El viento fresco que azotaba mi cara se me hacía extrañamente delicioso. Parecía que me hablaba, y levanté la cabeza. La

14

giré hacia atrás: la pared del cementerio. . . "¡Qué bonita!" "Jamás volveré a verla". Una piedra. . . "¡Qué bonita!"

¡Lástima que todo eso lo recuerde de un modo tan confuso!

El oficial gritó: "Aquí les vamos a enseñar a matar hombres por la espalda, ¡jijos de la tiznada!"

Frente a nosotros, en línea, los soldados. Los veía muy borrosos, ¡como si tuviera yo delante un montón de humo!. . . "No volveré a verlos". Quería gritar, gritar. . . y alcé más la cabeza. Abalanzarme sobre el oficial, contra los soldados. Desarmarlos. . . ¡y alcé más la cabeza! Estaba también ya un poco sordo.

El Oficial desenvainó la espada:

—¡Preparen! ¡Apunten!. . .

No hubo "fuego". El oficial añadió: "Es mejor que los reservemos para que los conozcan los familiares de la víctima y presencien por sus propios ojos cómo se sabe hacer justicia".

A mí me entraron ganas de echar a correr, de intentar la fuga; pero me contuve.

Subimos, y el camión arrancó rumbo a Toluca. En el camino bajó el oficial a hacer "de las aguas". Con los hombres sucede siempre así: se contagia este deseo. Los soldados pidieron permiso y apeáronse todos a orinar. A mí me repetía la idea de salir corriendo y huir. . . Había luna. Comencé a estudiar las posibilidades; a observar a los soldados que, fusil al brazo, una mano en las portañuelas, pateaban el suelo, fingiendo distracción, pero acechaban. Clavé los ojos en uno de mis acompañantes, un muchacho muy feo. ¡Él también quería huir! Me contuve. Pensé si no sería ardid del Oficial esto de hacer aguas.

"¿No será que quieren aplicarnos la Ley Fuga?" Me contuve. En verdad, mirar al muchacho muy feo fue lo que realmente hizo desistirme del propósito. Además. . . había luna.

Primero nos tuvieron en el cuartel de Toluca, y a las nueve de la mañana entramos a la cárcel. Tres días después llegó por allá "el Alfonso": un vaquero; no mi amigo Alfonso. El vaquero declaró que quien había matado era el muchacho muy feo, y entre los dos se entabló una pelea tremenda a puñetazos, patadas y mordidas, hasta que ambos se llenaron de moretones la cara y de sudor y sangre todo.

Mi madre encontrábase ya en Toluca, gestionando, la infeliz, mi libertad. Me dejaron libre; la abracé. Regresamos a México. Supe que a mi amigo Alfonso también lo detuvieron unos días. El me cogió tal odio, que todavía me niega la palabra. Yo le tomé un rencor terrible a la pobre anciana vendedora de café. ¿Verdad que por ella me aprendieron?

. . .Nada mejor podía ocurrírseme, aunque tamaña peripecia fuese tal vez culpa mía u obra sólo del destino. . . Porque. . .

"¿Conoce usted a Alfonso?"

—"Pues sí. . ." — repliqué, con la lengua pesada, somnoliento, sentado, sin poder mirar: la cabeza caída, todo bamboleante y hecho sopa. . .

¡Anda! ¿Apago la vela? Vengo muy cansado y vamos, ¡vamos a dormir! Es la primera noche; pero estoy muy cansado. ¡Lo siento! Muy cansado, ¡y cómo te quiero! ¡Cuánto deseaba este momento! No tenemos ni siquiera donde poner la cabeza para que nos sirva de almohada. . . ¡Como es el primer día! Déjame ir por mi pantalón y mi chamarra.

El hombre hizo de ello un envoltorio y lo colocó en la cabecera del catre, a guisa de almohada.

Extinguieron la vela. Tronaron besos que parecían cachetadas. La cama chirrió algo. A poco, un rato de suspiros.

Silencio y obscuridad absolutos en el cuarto. Las chinches en seguida comienzan a picar, pero el hombre y la mujer roncan, duermen espesa y ruda, llanamente.

EL TEJÓN Y LAS GALLINAS

Típico poblado forestal, Copalirio sólo es una calle larga dividida en dos nombres: "Allá arriba" y "Allá abajo".

A uno de los extremos del pueblo vivían "Allá abajo" dos familias vecinas, cuya felicidad consistió por mucho tiempo en llevarse lo más bien. Mariana, viuda —de 36 años—, con sus hijos: Tula —de 21—, Virginia —de 16—, Rosendo —20— y Gil —18—, eran una familia. La otra familia era: Goya —de 35 años— y Miguel, su marido, de 40, con su hijo varón, de 19 años, y las hembras: Ofelia, de 13, y Tacha, que iba a cumplir los 16.

¡Quién sabe a qué horas caminara y cómo le haría el comerciante Chucho Pozas para venir desde "Allá arriba" y deslizarse noche tras noche en casa de la viuda Mariana, sin que nadie en el pueblo, ni siquiera algún hijo de ella, lo notara y murmurase!

Llevaba Mariana quince años de viudez y era aún lo que exige una buena moza, con sus ancas macizas, limpias trenzas de azabache, ojos dorados, boca pulposa y húmeda, dientes perfectos y aire sonriente y ágil de mujer hacendosa y recatada. Amaba a Chucho Pozas por tener él veintiocho años de salud en las espaldas y en los brazos, que le recordaban al difunto marido, y se imaginaba quererlo algo más de lo que quiso a su marido, porque a Chucho lo veía, le oía, usaba pistola, era discreto, comerciante y candidato a Regidor de Copalirio. No obstante que ella, al sobrevenir los indispensables altercados entre amantes, lo aburría con los calificativos de: *"tronconudo"*, "pretinudo" y "pepitón", queríanse aunque menos él a ella que ella a él.

Un día, Rosendo, el hijo mayor de Mariana, le birló al campo un tejón y se lo trajo, con dos burros cargados de leña verde, a casa. Como era natural, pues allí no hay en qué divertirse, el tejón fue el regocijo y empezaron a mimarlo, dándole huevos del día y carne fresca. Claro que, en cuanto Rosendo no le dio cierta vez la carne a tiempo, el animal tuvo que ir a robar un pollo a los vecinos. Las tres primeras veces no creyó la familia de Goya que el tejón fuese el que robara los pollos y achacaba las pérdidas a un ratero conocido, que todavía hoy habita Copalirio, "Allá arriba".

Son el ganado y las gallinas lo que más aprecia allí la gente campesina.

Hacen cuentas de que ha desaparecido la "jabada" que pronto empezaría a poner, y Goya dice a los hijos, ahogada de llanto y de suspiros:

—¡Con tanto sacrificio que nos quitamos el pan de la boca para tener algo! Es una iniquidad... ¡Y el calzonudo del marido en la fragua, diario borracho, ni se da por entendido! Tenemos que alistarnos todos, hijos, a ver quién nos roba las gallinas...

Pues que a la mañana siguiente ya no apareció otra gallina que estaba criando. Frenética entonces, Goya comenzó a gritar desde temprano: —"¡ijos de esto", "¡ijos del otro"... quienes se estén hartando mis animales! Pero por esta cruz, ¡tan luego como yo lo averigüe les va mal!

El día entero lo pasaron alertas y en la noche pusiéronse a velar, escondidos en el patio. Pendiente, espiaba el tejón desde la cerca de los vecinos. En un momento de descuido, de improviso se introdujo y atrapó una gallina. El tejón emprendió la fuga y la familia saltó detrás de él, con palos y los perros, sin que lograsen alcanzarlo.

A esa hora de la noche, como las diez, fueron y tocaron la puerta de Mariana.

—Ya sabemos quién se roba nuestros animales. Es tu tejón.

—¡Y bien que tú lo sabes —insistió Goya— sólo que te estás haciendo guaje!. . . ¡Hipócrita! Pero si no le pones remedio yo se lo pondré.

Mariana contestó que ella no podía tener encerrado al tejón, y Goya añadió que ella se arreglaría con el tejón, si Mariana no le pagaba las gallinas.

En eso quedaron. Era viernes.

El sábado por la tarde Mariana fue "Allá arriba", a la tienda de Chucho Pozas, con la intención de contarle en breves instantes el disgusto y pedirle que no bajase por ahora más a verla hasta que le avisara; pero que mientras, ella subiría, con precauciones, una o dos veces por semana. Estaban en la trastienda. Chucho Pozas consoló de sus penas a la viuda, sacándole del vestido sus pechos redondos y cayendo entre sus muslos sudorosos sobre el maíz amontonado allí para la venta.

La mañana siguiente métese de nuevo el tejón al patio del vecino, y como es día domingo ninguno ha salido de sus casas. Unicamente Rosendo se fue al campo por zacate, para dar de comer a los burros. Miguel, el marido de Goya, en la fragua, como siempre.

Ve Goya al tejón que anda por su patio y lo persigue a palos. Escucha Mariana los alaridos del tejón y sale con todo y familia a defenderlo.

—¡Mal fin de Dios tengas, condenada! ¡Parece la Virgen Tiesa... y ni te parpadea, mosca muerta! ¿Crees que ignoramos que ayer te largaste "Allá Arriba", a encerrar con Chucho Pozas en la tienda?

Se hicieron de más palabras, echándose "hijos de ajos", "hijos de cebollas", y Gil le dijo a Goya que no se las averiguara con el tejón ni con Mariana, que en adelante se las debía entender con él. Entró. Y volvió con su machete en la mano; pero ya Goya iba con su rebozo puesto, a traer de la fragua a su marido, quien apareció con su carabina levantada, corriendo y maldiciendo:

—¡Aquí vengo! ¡No te arregles, collón, con las mujeres!... ¡Ahora es cuestión de hombres!

Aviéntase Gil con el machete; pero Miguel le dispara la carabina, dejándolo muerto. En esto llega Rosendo y llega José, el hijo de Miguel. Se enredan... Acaba tirado Rosendo, con tal machetazo en la ceja, que le voló, partido, el ojo. Después, quedó ciego.

Miguel y José huyeron hacia "Allá arriba", ganando la sierra.

Por aquellas regiones no hay autoridad civil suficiente y la Federación hace justicia.

Como la mañana del escándalo, una de las dichas y demás injurias que Goya le enrostró a la viuda fueron éstas: —...te *persinas* por las de a medio y te las zampas de a real... ¡pues no que eras tan honrada... para andarte revolcando allí con Chucho!... honrada... ¡honrada sí doña Chayo, que desde que sepul-

taron al finado ñero[1] Luis, nadie le puede saber nada!
—y el pueblo empezó a murmurar: —¿pues no que
era Mariana tan honrada?—Mariana tuvo que vender
su casa y mudarse, para toda la vida, al rancho de Las
Tunas.

Desde entonces, por las noches obscuras solía bajar
Miguel para ver a Goya y a sus hijas. Una vez vino José
avisando que su padre moríase de fiebre. Cuando al
amanecer retornó el hijo con alimento y alguna medi-
cina, encontró que los zopilotes de la sierra ultimaban
el desperdicio del cadáver.

La población vio de luto a la familia de Miguel y los
militares comenzaron a vigilar la casa, dando por re-
sultado que, una madrugada, prendieran a José.

Ofelia huyó con Chucho Pozas, Regidor del Munici-
pio, y Tacha con un buchón[2] de Tecpan.

De tanto, murió Goya.

Tula y Virginia se fueron para México a servir,
"echándose a perder".

En el rancho de Las Tunas permanecen Mariana y
su hijo Rosendo. Viven de los cocos que caen, la leña
que cortan y el zacate; cosas que en sus dos burros trae
a vender el hijo al pueblo.

Va y viene. . .

Siempre al hombro, triunfante —la ufana cola en
alto—, su tejón, cuyo lomo sedoso acaricia con la palma
callosa de la mano. Solamente que, amarrado por
gruesa cadena, lo luce ahora sujeto a una de sus muñecas. . . porque Rosendo es ciego, y en el vacío de sus
párpados le tiembla el miedo a morir de mohína y
sentimiento si llegara a perder su distracción.

[1] Tratamiento amistoso; contracción de compañero.
[2] Enfermo de bocio.

Con mi alma baja lo refiero a ustedes, turistas, particularmente a quienes les gusta divertirse, por si acaso van allá y ven ese tejón, algunas gallinas, quizá alguna graciosa vaca flaca o determinado burro viejo, no se le ocurra pensar y menos preguntar:

"¿Cuánto vale ese animal?"

LA BOTICA

Tʀᴀᴛᴀɴᴅᴏ de aumentar la circulación de su nuevo magazine, mi patrón, el famoso periodista FFP (fundador, director, gerente de diarios y revistas de gran publicidad), estableció un concurso literario, estudiantil. Con este fin ocurriósele la idea de mandarme repartir anuncios a todas las escuelas. Fructificó la propaganda. Al cabo de tres días —un sábado—, el director poseía cientos de trabajos destinados al Concurso. Era sábado, repito. Hacia las diez de la mañana entré a la Dirección para no recuerdo qué consulta. Interrogábame yo in mente la conveniencia de hablarle al Director, cuando me precedió:

—No interrumpa. . .

Sin responder nada, dispúseme a salir:

—Espere. . . No se vaya. . .

Por necesidad, de mala gana contuve mi ánimo y obedecí, no sin rascarme la cabeza y entretenerme en inspeccionar lo que hacía el Director, quien al terminar de leer la séptima cuartilla de unos papeles que tenía delante, los volvió a ordenar por numeración. Luego, con la espesa punta de su grueso lápiz azul, rayó sobre la primera cara esta nota: ¡malo! ¡¡¡inmundo!!! Rompió en dos el original para el Concurso, lo abolló y lo echó al cesto de papeles.

Aquel cesto de desperdicios de papeles me hizo el efecto de una alcantarilla. Y en la imaginación vi cómo la supuesta alcantarilla se tragaba un enorme chorro de leche pura y fresca. Por esos días estaba yo bajo las impresiones de mi último empleo anterior. Serví en una compañía lechera. Para que no bajara el precio de la leche, los empresarios de la Compañía ordenaban tirar 12 000 litros diariamente. Entretanto, la que vendían los expendios iba con agua, yeso, almidón... Un trabajador de salario mínimo —igual a mí— empezó por sustraer de lo que le mandaban tirar unos litros que, en una olla de barro, llevábase a casa para su mujer y sus cuatro hijos —decía él—. Se supo, lo despidieron y, acusado de robo, fue a la cárcel. Yo meditaba: "la leche buena la tiran y el sobrante lo adulteran y lo venden caro".

En cierto modo, pues, como las ratas, que bajo las alcantarillas esperan esa leche buena para hartarse, yo me ingenié. Después de la consulta con el Director, abandoné su despacho. Estuve pendiente. A las dos de la tarde bajó el señor FF a dar órdenes de última hora y despedirse del Jefe de Redacción entre recíprocas mímicas y frases:

—Hasta el lunes...

Disimuladamente y con un vano pretexto de ocasión en la cabeza subí y entré de nuevo al despacho, solitario entonces, del Director.

Logré mi propósito. ¿Por qué mi satisfacción indefinible y por qué el capricho de salvar, precisamente, aquel original, del basurero?...

Rumbo a casa, dentro de un tranvía, leí con gran asombro. Fechado en 1934, el escrito que firma un tal Pedro Suárez de los Ríos, de 17 años de edad, estudiante del tercer año de secundaria, es, con variantes levísimas, idéntico al que escribí yo hace cinco años.

Por título, Pedro Suárez de los Ríos le puso: "La Botica", y siguió así:

"Unos cuadritos colgados a los distintos muros de las diferentes viviendas que hemos ocupado en alquiler, prueban que papá es farmacéutico diplomado, con algunas menciones honoríficas y premios durante su carrera.

"¡Cómo busca tenaz y no encuentra una farmacia o un laboratorio donde le paguen bien! ¿Por qué se halla tan a menudo sin trabajo, siendo insospechable modelo de laboriosidad, eficiencia y honradez? Papá está pobre, siempre pobre. . . A veces, miserable.

"Lo mejor de lo mejor es que en el hogar se hablara constantemente y se hable, todavía, de dinero. Mi progenitor, de esperanzas y proyectos, porque —¡claro!— él sueña verse rico. A este fin puso los cimientos de su empeño haciéndose masón.

" 'Hermano' —le llamó un señor que vino por casa, de visita. ¿Quién duda que también era masón?

"Escondido tras una puerta divisoria de la sala, escuché toda la plática. Parece que mi padre y su viejo amigo fueron condiscípulos.

"—No puedo pagar la luz de este mes. Debo dos meses de casa y mira. . . me notifican el lanzamiento para dentro de diez días.

"Papá (supongo yo) mostró el famoso papel que junto a sus maldiciones, enarbolándolo, nos enseñaba, incesante, desde ayer.

"—¡Vaya! —exclamó el amigo—. Pero esta es la oportunidad de que salgas de penurias. Como te dije, tengo la botica de Santa Rosa sin administrador. Te necesito. Pasado mañana mismo, en el tren diurno, nos vamos a Orizaba.

"—Convenido —respondió papá.

"—En Orizaba poseo la droguería principal, que atiendo personalmente. Allí descansaremos un rato con la familia y después de la comida, salimos a Santa Rosa y te dejo instalado. Es muy cerca.

"No había sino obscuridad en el aposento donde atisbaba yo. Gracias a una línea de luz, una hendedura poco más arriba de mi cabeza, de puntillas pude observar al amigo de papá. Espaldas a mí, éste, frente a su interlocutor.

"—De acuerdo con lo prometido iremos —el interlocutor combinó una seña entre ambas manos—, a partir de utilidades.

"—Bueno —afirmó mi padre.

"—Para los primeros gastos, pasajes y demás, acéptame a cuenta estos cien pesos.

"—Gracias. ¡Muchas gracias! Afortunadamente —añadió papá— somos poca familia. Cuatro: mi mujer, una muchacha, el varoncito y yo.

"De súbito sentí en las profundidades de un brazo algo como alfileres clavados a la carne. Eran las uñas de mamá que me arrancaban de la puerta. Un dedo de su otra mano a la boca, mamá, mientras me arrastraba, mandábame silencio; pero yo, transformada mi garganta en la de algún endriago, mixto de can, becerro y gato frioleros, berreaba, maullaba y ladraba endemoniadamente. En esto abrió mi padre la puerta y gritó hacia adentro:

"—Vengan acá. . . que les voy a presentar.

"Mi madre adelante, mi hermana Elena después y detrás yo, que me limpiaba las lágrimas y las narices con los puños, nos presentamos cual santos en una procesión.

"El señor aquel tamborileó sus dedos gordos sobre mi cabeza, y se fue.

"Minuciosamente, mamá contó mis faltas a mi padre. Por fortuna, él no hizo sino bostezar y decir que debería prepararse todo lo de nuestro viaje para el jueves muy temprano.

"Esto era la noche de un martes, por febrero de 1929. Doce años de edad tenía yo; catorce, quince. . . o diez y seis, mi hermana Elena.

"En el automóvil del amigo, socio y jefe de papá, hemos llegado, lloviendo a Santa Rosa.

"Clausurada, sobre una esquina, una botica. Abrieron. El amigo de papá explica que cuando el administrador anterior murió, no hacía más de una semana, tuvo que venir aquí a enterrarlo y cerrar el establecimiento. Entramos. Sigue a la botica un cuarto, de penetrante olor especial, húmedo, con medicamentos, depósitos, almireces y otros trastes. Aprendí que dicha estancia llámase profesionalmente *re* o *tras-botica*. Comunicado a ella, por la izquierda, dos habitaciones sórdidas; luego, patio y cocina: 'nuestra' casa.

"Mi padre habló largo con su amigo. Este le dio instrucciones pormenorizadas respecto a la forma y manera de la venta; le indicó precios, etc.; le recomendó hiciese a tiempo sus pedidos, los cuales desde Orizaba le serviría la droguería con toda prontitud, etcétera.

"Y al obscurecer, bajo una lluvia torrencial, regresó a Orizaba en su auto.

"A mediodía del día siguiente, mi padre me espetó:

"—Pedro, es necesario que me ayudes, hijo. Bueno es que empieces a darte cuenta de tus responsabilidades frente a la vida. Todos los días a las horas de los alimentos, mientras la familia y yo comemos, tú estarás pendiente de la botica. Cuando vengan a comprar, entras y me llamas. Esto será sólo al principio, pues pronto, con la práctica, ya irás sabiendo despachar. . .

"Así sucedió.

"Atendí a mi primer cliente: una mujer.

"–¿Qué cuesta la botella de agua de espanto?

"Me eché a reír. Riendo, repliqué: *un momento*. Y riendo entré a llamar a papá.

"—Una loca —le dije— pide una botella de 'agua de espanto'. —Y continué riendo más fuerte. Mi padre levantóse de la mesa. Pero cuando llegamos a la botica, la mujer había huído.

"—¿Qué pasó? —preguntó mi padre.

"—Será porque me reí. . . —aclaré.

"—¿Y por qué te reíste?

"—¡No era de dar risa eso: 'agua de espanto'!

"—¡Qué!. . . —bufó mi padre—. ¿Quieres arruinarme? Agua de espanto es agua con cualquier alcoholaturo de romero, melisa o toronjil. ¡Un peso la botella! Noventa centavos de ganancia. ¡Cuarenta y cinco para mí. . . perdidos por estupideces! No te dejo aquí para reír. . . ¡Que no vuelva a repetirse!

"Y se metió de nuevo.

"A poco vino mi segundo cliente: un obrero.

"—Diez centavos de polvo para enamorar. . .

"Muy serio, entré a llamar.

"Salió mi padre y despachó. Me dijo: 'esa cajita pequeña; poquito de polvos de arroz con unas gotitas de esencia de heliotropo'. Agregó: 'la mayoría de quienes compran estos polvos, dizque «para que los quieran», son los hombres'.

"Papá me tenía aconsejado: hijo, sé hombre de bien: honrado y trabajador. La honradez es el don más preciado. Jamás te apropies un centavo ajeno; no gastes un centavo que no sea ganado con tu trabajo, ni te apoderes por artes de mala ley de cosa alguna.

"Pero, antes que se me olvide, papá me enseñó también a preparar la 'toma para el aire' (carbonato de cal-magnesia-belladona), así como el 'aceite de víbora', el 'de moscas', 'el ungüento de brujería', reliquias para el mal de ojo, 'tripas de Judas contra el hechizo'. . .

"Parte de lo que sigue en este relato va relacionado con estas palabras que, por venir de mi padre, no se me borrarán de la memoria: 'Nunca discutas sin razón; pero cuando creas que te asiste, defiende tus ideas aun a costa de tu vida'.

"Comencé a despachar burlándome interiormente de los compradores (todos ellos obreros y sus mujeres pobres), hasta que me fui entristeciendo e indignando, y una tarde le dije a mi papá: —¿A qué vender esos 'polvos de enamorar'? ¿Por qué no le dices a la gente que no sirven de nada? ¿Que no hay brujería ni mal de ojo; que esas son supersticiones? ¿Que el aceite de víboras no es tal, ni el de moscas?. . .

"A las últimas palabras mi padre me tiraba ya de ambas orejas, reprendiéndome: —¡Mal hijo! Deseas la ruina de la casa. No agradeces que me estoy sacrificando por alimentarte, calzarte, vestirte y darte una educación para que el día de mañana tengas una profesión decente, tu título, y no seas en la vida un cero a la izquierda como los que te piden el 'polvo para enamorar'. ¡Ingrato! ¡Mal nacido!

"Santa Rosa tiene 10 000 habitantes, jueces, doctores, presidente municipal, 50 gendarmes, inspector de policía. Por fin, la vida de la población es una sola fábrica de hilados y tejidos en que trabajan 2 000 obreros, quienes, con sus familias, son 6 000. Las 4 000 almas restantes sobreviven o se enriquecen de los obreros de la fábrica.

"La botica celebraba tertulias. Cierta noche alguien opinó que le parecía excesiva la policía del pueblo y que, además, estaba en contra de que se sostuviese un sector permanente de soldados. Sus contertulios se opusieron a manotadas:

"—Debe haber más miembros de la autoridad para proteger los capitales, impartir garantías a la sociedad y sujetar la lengua de los inconformes. . .

"—Tanto gendarme y militar son únicamente para robarse las gallinas de los pobres —adujo el que originó la discusión.

"Posteriormente vino al caso que yo expusiera tales ideas a mi padre. Dije que no sólo la gendarmería, sino los jueces y demás funcionarios manteníanse a costillas de los obreros de la fábrica, y luego servían sólo para imponerles ultrajes y castigos.

"Papá repuso que las autoridades las pagaba el gobierno.

"—Sí, pero es de lo que le exprimen a los obreros.

"—Es del presupuesto: contribuciones que paga la Compañía de hilados, que pagamos los comerciantes.

"Me reí. Existen 20 tiendas de abarrotes, 10 de ropa, y cantinas y pulquerías cada media cuadra. Aparte de lo dicho y 'espíritu contra la mohína y la recontra-mohína', o 'bálsamo de palo', o 'chiquiadores', naturalmente la botica expende a costo altísimo, recetas de médicos y productos patentados. ¿Será por fantasía que mezclo estas últimas composiciones con las otras de mayor uso y más baratas? Alegué:

"—Si aquí mismo lo ves, papá. Con el dinero tuyo y de tu socio, das contribuciones; pero, ¿de dónde cae ese dinero? ¿Quién merca 'tripas de Judas', 'pelos de chivo negro para la suerte'?

"—¡Por criticón! ¡Para que te habitúes a no murmurar, a no herir nunca las costumbres!...

"Cinturón en mano, chispeantes las pupilas de sentimiento y rabia, mi padre me pegaba.

"Según su extendido criterio, papá estuvo en lo justo, consecuente con la íntegra infalibilidad de sus axiomas: él deseaba mi bien y creía tener razón...

"Advierto que soy devotísimo aficionado al ajedrez. Quizá la causa fundamental de mis predisposiciones hacia jueces, comerciantes y otros ejemplares de la botica, fuera que jugasen de lo peor. Podíase, pueden considerarme tan insulso que me aburre, no me gusta ganar siempre y menos saberlo anticipado.

"Ante sus arrieros indios atraviesan las calles de Santa Rosa, burros con carbón. Vienen de pueblos que están a leguas de distancia. La carga vale un peso. ¿Cuánto ganan los indios descalzos, con calzones de manta agujereados? Todo el día pierden sólo en caminar y pregonar su mercancía.

"El teniente, jefe del sector militar, era prometido de mi hermana. Transcurridos tres años de administrar mi padre la botica, en agosto madrugó una vez la novedad de que cambiaron para el norte del país al oficial. Ya otro lo suplía.

"Mi hermana lloró inconsolable al novio. En ocasiones, mi padre habría de manifestar hasta sobresalto por la ausencia de su presunto yerno. ¡Jamás volvimos a verle la cara ni a tener noticias de él siquiera!

"Al fondo, más al fondo, muy dentro de la casa de la botica, empezaron a suscitarse entre mi madre, mi padre y mi hermana, misteriosas escenas, inexplicables al principio para mí.

"A fin de año mi padre riñó con su amigo, 'hermano', socio y jefe, porque éste cargábale a precios de tal exorbitancia los pedidos para surtir la botica que, cuando papá obtenía UNO, se embolsaba ONCE su socio.

"Tras el disgusto, pobres como antes, vinimos a México de vuelta. Horas después mi hermana Elena dio a luz un perfecto hijo del teniente, de quien, todavía hoy, nada se sabe.

"Para el mundo, la familia me impone que el niño no ha de ser mi sobrino, sino *mi hijo*.

"Soy, pues, padre.

"—Para evitar chismes y enredos —decide mamá— mudémonos de casa.

"Efectivamente, no bien mi hermana se puede levantar, nos mudamos, oculta la criatura.

"Allá llevo aprendida mi lección. ¡Salvemos nuestra honra! Hemos de propalar que, rayano en la infancia, me casé; mi esposa murió y, por consiguiente, ¡tan joven!, ya soy viudo."

MARÍA, "LA VOZ"

I

Techo de palma y tapia de bejuco entretejido, la choza que es hogar del viudo Régulo, esquinábase con el atrio de la parroquia y el descampado de la plaza.

Al patio un chiquero de cerdos, media docena de cocoteros, ociosa paila negra, varias plantas de maíz, guías de calabaza y, bajo el templete que sombreaba la cocina (restos de leña quemada, tres piedras del brasero triangular, ceniza todavía caliente): los sopores de dos perros. Lluvia lejana señalaban quebrados relámpagos en la espesura nubarrona de la noche.

Dentro, por un rincón, la gallina sobre su camada. Fronteros, dos catres: el del viudo y el de su hija. Separábalos una mesa de caoba con lámpara de aceite, apagada entonces, frente a un retablo de San Jerónimo, patrón del pueblo. Otro retablo igual teníase mandado a la parroquia. Mudo pasó el gato entre los catres y las patas de la mesa. Régulo roncaba. La choza yacía sumida en las tinieblas.

—¡Ahí, papá!, ¡Ahí está el. . .! ¡Ay, papá!

La hija de Régulo, medio desnuda, sacó una pierna a la orilla del catre.

—¡Ay, papá!

El padre se incorporó.

—¿Qué?. . .

—La. . . voz.

Mientras Régulo pretendía raspar un fósforo, algo

salió del rincón opuesto al de la gallina: *No hagas más escándalo, muchacha, y duérmete.* El movimiento de Régulo quedó suspenso.

—¡Ay, la. . . voz! Es él —clamaba la hija.

El viudo raspó el fósforo, prendió la lámpara de aceite y, con la luz del cabo de fósforo, saltó a registrar el rincón.

Registró debajo de los catres. Llevóse la lámpara; registró afuera y volvió, flama en mano, azorado y compungido.

—Ma - ría. . .

—Papá. . . ¡Él!

—¿Quién? ¿Quién? —gritó el viudo, amenazante.

—Su voz que adentro ronda.

—¿Quién, María, hija? ¿Quién?

—La voz del alma de Andrés Magaña.

—Velándolo estarán en su casa, hija. Son los Magaña unos perdidos.

María continuó:

—Fui la primera que lo vio, lo vi morir. Antes de obscurecer, venía yo de Atoyac bajando el cerro con el cesto de compra en la cabeza. De una orilla del camino brotó su voz: *"María, virgen, te lo digo a ti sola, porque siempre fuiste querida para mí. No lo digas a nadie: fue Pablo Canepa— 'El Espejo' —mi asesino. No lo cuentes, que ya me vengarán".* Torció el cuello y una piedra ladera le majó los rizos del pelo ensortijado. Sudaba muerte su frente pálida. Sangre y coágulos verdes vomitaba su boca amoratada. Tenía una mano a la cacha del machete en su funda; tres machetazos en el pecho, negreando de vello crespo, y otro en el brazo peludo. Llevaba la camisa arremangada. . .

Escasa de aceite, la lámpara chisporrotea ligeramente y se apaga. Régulo habla:

—Todo el mundo sabe que fue Pablo Canepa —"El Espejo"—; él mismo dio el aviso y se entregó.

—¡Miedo que ha de tenerle a los Magaña! —sentencia María.

De nuevo retumba el rincón: *Cállate, mi niña.*

—¿Oíste, papa? —prorrumpe, abrazada al padre, la muchacha.

—El alma de Andrés Magaña que pena huyendo del infierno y es más grande su penar. ¡Ánimas del cielo, que Dios se apiade de esta ánima y la tenga en su lugar!

—Si era. . . ¡Era su voz! —suspira María.

Entre hilos de lágrimas aprieta el arco de sus brazos que atraen más y más convulsamente hacia el suyo el cuerpo de su padre. Suéltase al rato, para reanudar:

—Pues en esto oí un clamor que se acercaba, y seguí cuesta abajo con la compra. . . "María, ¿qué has visto en el camino?" —me dijeron. "Nada" —les dije—. "Porque Andrés Magaña está mal herido; nosotros vamos por su cuerpo". Y subieron los hombres armados, a caballo.

Toma de súbito las manos de su padre y con ellas en disimulada lucha restriégase gimiente, frenética, estertórea, los senos de aceituna duros, los muslos resbaladizos y los contornos de sus caderas tensas.

No duró así más de los segundos precisos para que la repeliera el brusco ímpetu del padre.

Acuéstese viejo. Deje seguir a María su camino —mandó la voz.

Hija y padre miraron al rincón. María tendióse a

beber su llanto bajito, silbante, contenido. El viudo se arrodilló ante el retablo, cuya inscripción hablaba de fe y agradecimiento a San Jerónimo por los milagros con que favoreció al devoto cuando trataba de morder a éste una serpiente cascabel y cuando sufrió el asalto de unos criminales. En ambas ocasiones el doctor celeste lo salvó, poniendo entre víctima y victimarios densas nubes que hicieron incorpóreo al mortal *Régulo Núñez*. De rodillas, los brazos en cruz, la vista ora al suelo, ora al techo, entonando el Magnificat, estuvo hasta el alba, en que las primeras campanadas avisaron el Angelus. Cortó el rezo, auscultó el sosiego, la tranquila respiración del sueño de María y corrió a la iglesia. Pasó a la sacristía y entrevistó al párroco. Convinieron en que durante la misa de ocho, públicamente se haría el Exorcismo, pues —decía el párroco— a mayor divulgamiento más humillación del poder infernal y mejor eficacia del acto en la penitente.

Régulo regresa, entre colérico y medroso.

—¡Despierta! Vístete de negro. . .

—Eh, papá —sonríe la hija. Tiene catorce años y una pubertad extraordinariamente bella, pero con el estigma de un desarrollo demasiado exuberante.

—Papá. . .

—¡Cúbrete! No podrás tocarme ni tocarás nada en la casa, mientras no alejes de ti a Luzbel o Satanás. ¡Quién sabe hasta qué trance pecador llegará tu alma, para venir no sé cuál de ellos aquí a profanarnos con su voz!

—. . .¡Pobre de mí, Régulo Núñez, con la hija única —el anciano se golpeaba el pecho—, la hija mía, mía, de esta pinta! ¡Pobre de mí, pobre de ti! Vístete pronto, que vamos a la iglesia. Toda de negro has de ir vestida.

Los brazos en alto, los párpados enrojecidos y aguanosos, añadió, bajo y hueco el tono, para sí:

—Sobre todo he muerto y ha muerto ella. Nunca podré mirarla, nunca podrá mirarme. No podré verla de frente ya más nunca.

Tras profundo sollozo resonó el rincón: *¿Estás loco? Te despedazas tú y despedazas con tus demencias a tu hija.* Frío temblor sacudió el cuerpo de Régulo.

Compacta la boca, pétreos los labios, la mirada extática, María permaneció absorta un instante. Luego, a pasos pausados, fue a vestirse de negro. A distancia del padre entró al templo. Se le esperaba con ansiedad. Muchos, los jóvenes particularmente, no habían presenciado nunca un exorcismo. La arrodillaron entre las gradas del altar mayor, frente a una pequeña pila de agua bendita, cuyo fondo le indicaron debía mirar fijamente, sin distraerse, durante la ceremonia. Ofreciéronle un devocionario, pero como no sabía leer, el ofrecimiento resultó baldío. El sacristán batió el sahumerio, el párroco el hisopo, ambos la lengua con sus conjuros, y las bendecidas gotas rociaban a la posesa. De pronto, ruedan estrepitosamente humo de incienso, ceniza y candela del sahumerio; cabriolea —roja sotana y roquete blanco— el sacristán y, un dedo temblón, apunta pávido:

—¡Ahí está! Ahí. . .

—¿U-u-u-u-u. . .? —apelmaza el murmullo de la parroquia y, embrocada la cabeza casi dentro de la pileta, chilla el sacristán:

—¡El brazo peludo!

—¡U-u-u-u-u. . .! —gruñe la iglesia toda, en desolado gesto de terror.

Las manos del cura silencian el murmullo:

—La Divina Providencia *se* apiadará de ti, mujer. Su misericordia infinita te salvará; lavará tu alma; sanará tus úlceras, y de allí saldrá huyendo el Enemigo con su pestilente corrupción. La desgraciada tendrá que permanecer tres días en la Casa de Dios para echar a Satanás fuera de sí. A ver, ¿qué opina el padre de la infeliz?

—U-u-u-u-u —giró el coro de cabezas hacia el viudo.

Lo único que se mantenía imperturbable era el grácil bulto de María: rígido; cruzado de brazos; bajos los ojos; sumisa la inclinada cerviz, cubierta del chal negro.

—Que se quede —respondió Régulo, yéndose con la mirada por el suelo, amarga la trémula garganta, su sarape al hombro y su sombrero ancho, de palma, entre los dedos.

En lucha contra el menoscabo de su dignidad trataba de erguirse, de levantar su estatura con desdén y sufría, al mismo tiempo, de no poder sustraerse a la espectación de los vendedores y del campesinaje vacante del domingo. "Yo, Régulo Núñez" —le hormigueaba entre viscosos roces de ratón, de un lado a otro de la frente, y recorríale del cuello al pecho, en asco, ira y pesadumbre inenarrables. "Y no voltearé a mirar" —golpeaba en hueco tic-tac dentro de su mente vacía como una gran campana—, que a la vez le instaba con impulsos desquiciantes a correr, a escapar del martirizador efecto de clavos que, al paso, le producían su suposición de miradas en la espalda.

—¿A dónde tan de prisa, ñero Régulo?

—¡Donde le importa un pito a nadie! —dijo, apresu-

39

rando el andar para alcanzar el cortejo y unirse al sepelio de Andrés Magaña que desembocaba por la plaza.

Algo reconfortado, aunque batido entre su propio sudor acre, regresó del cementerio, con la ropa en cataplasma, bajo una temperatura tórrida de siesta.

Ya dentro de la soledad de su casa, tendióse, sin apetito y en ayunas, a dormir; pero no pudo. ¿Cómo dejar de mirar hacia el sitio de las voces misteriosas? Se alentaba: "le he visto bien, bien la cara, cuando destaparon la caja en el cementerio". Y decaía: "anoche también ya estaba muerto. Sin embargo. . ."

Levantóse; prendió una cera nueva y adosó el retablo de San Jerónimo al rincón. En tierra, ante la llama y el Santo, oró por el alma de Andrés Magaña.

—Que Dios la saque de penas. . .

Nuevamente se acostó. Suplían al sueño monólogo e imágenes asociados con los hechos más salientes en la vida de los Magaña: "Eran cuatro hermanos: Arcadio, Ramón, Tránsito y Andrés. En 1913 —hace tres años—, cuando las fuerzas del anterior gobierno tomaron la plaza, los Magaña, parapetados en las torres de la iglesia, la defendieron contra un batallón de seiscientos hombres. Viéndose perdidos bajaron y pusieron dinamita dentro de la parroquia. Voló una torre. Así lograron huir. En los montes reunieron gente, la armaron y recuperaron la plaza un mes después. Más tarde repartieron tierras. "Despojaron a los legítimos propietarios". "¡Entre ellos a mí!" Arcadio, Ramón y Tránsito desaparecieron: "que el uno anda por los Estados Unidos", "el otro quién sabe dónde", "que Ramón entró a la marina y es ahora capitán de un barco". "Sólo Andrés —el más joven— se quedó aquí haciéndole frente a su destino, y encontró la muerte".

En esto, a la cabecera del catre apareció una anciana.

—¡Régulo!

—¿Ah? Emilia. . .

—Vengo, hermano, sofocada. Nos llegaron noticias en Atoyac. Dejé a medias la comida. ¡Tres horas bajando el cerro por verte, sin parar, con mis achaques y estos años encima!

—Corre más pronto el mal que el bien —comentó el viudo.

Su hija estuvo no tres días, sino una semana en el curato. Como, según veredicto del párroco, aún no la abandonaba Satanás, designósele, para que se alojara, el tinglado del patio, cerca del incesante hozar de los marranos.

Cierta mañana pidió Régulo:

—Emilia, sácame de aquel cofre un canuto de hoja de lata y la mochila que está junto.

La hermana trajo al hermano los objetos.

—Aquí —desataba el enfermo la mochila— hay trescientos pesos.

Los repasó entre sus dedos amarillentos, secos, trémulos.

—Cien para ti, cien para los gastos que se ofrezcan. . .

Ahuecado el delantal giró en redondo la vieja y, provisoriamente, volcó la plata sobre el otro catre.

—Estos cien y el canuto para mi hija. Llévaselos.

La anciana pasó el tinglado y, rasantes los labios en una oreja de la joven, siseó algo no por entero perceptible.

—¿Qué? —indagó María.

—Lo del canuto.

—Son las escrituras de la casa y del terreno, el arro-zal. . .

Mirábanse soslayada y raramente.

A los pies de la tía, en la boca misma de su falda y reptándole con helado tocamiento por la epidermis rugosa de sus muslos, sopló la voz: *Deja en paz a tu sobrina. Apenas muera su padre, vete de la casa y hasta del pueblo y nunca vuelvas, que sé muy bien tus negras intencio-nes de robarle. Para protegerla, yo me basto.*

Despavorida, la tía Emilia había salido ya del tin-glado, santiguándose.

El entierro de Régulo es un sábado. A media tarde viene el féretro. Poco después, suspendido de los aros, a pulso lo transportan docenas de amigos con cabezas descubiertas y negros pantalones bajo las faldas de camisas blancas, anudadas por delante. Salen. De úl-timo va, también, la tía Emilia, quien sin detenerse a mirar tira de paso las llaves, a través del tinglado, a su sobrina. No cruzan palabra, y con odio recíproco para toda la vida, cumplirán el tácito acuerdo entre ellas de no volverse a ver jamás.

María entra. Feroz, atónita, mira alrededor del apo-sento umbroso, desdeña su propio catre, prívase y queda hecha sierpe y leona, en soponcio de rugidos y retortijones sobre el lecho que acaba de dejar su padre.

Hasta el primer martes posterior, cegada por can-dente luz de meridiana plenitud, no viéronla en la calle. Colgábale un morral de dibujo vivo al brazo. Dentro iba su herencia: los cien duros de plata, que trincaba grueso paño, y el canuto de las escrituras.

Temerosa del robo, no abandonaba su caudal a la desprevención, y por mucho tiempo lo llevó consigo —incluso para el sueño—, pegado al cuerpo. Realmente hambrienta, ese martes fue a la tienda y compró víveres para toda una semana. Alternaría, después, el tedio sedentario, distribuyendo sus salidas en tres fechas fijas con nombres peculiares: "tienda", a diez pesos; "el río", para lavar; "mercado", enfrente, los domingos. Lo demás: cocinar y coser; engordar y atender los animales; asear casa y patio; bañarse, comer y domir.

No tenía sino un vestido negro, el que llevó al exorcismo. Mudarlo por otro de distinto color equivalía cada vez a que el vecindario la zahiriese:

—Sin duda lleva, pues, el diablo dentro. No hace ni un mes que falleció Régulo, y ya va de colorines. Ni así —minúscula seña entre las uñas—, ¡ni así de cariño le tuvo al difunto!

El hostil aislamiento a que la condenaran durante más de un año, sirvió para crearle una naturaleza firme y altiva, contradictoria al exterior mórbido y a un mismo tiempo sumiso, apocado, que aparentaba. En su retiro, hecho ya predilección, voluntaria necesidad, aquellos accesos tan inesperados como constantes, eran regulados más y más por el dominio propio, gracias a los ejercicios sin tregua a que se sometía. A su inteligencia prodigiosa no era obstáculo su ignorancia —sino, quizás, complemento— para rendirse culto a sí misma, un culto, si bien desmesurado dentro de cualquiera otra situación, imprescindible dentro de la suya, por cuanto entrañaba, hasta en lo físico, recurso de defensa. Presentía vagamente su triunfo y las peripecias de su porvenir, en que lo imprevisto y fabuloso debían ser símiles de lo natural respecto de su existencia. Todo ello germinó y madurábalo su subconsciente con irradiaciones de satisfacción y anhelos de desquite. Durante su infancia entera no escuchó sino alabanzas, eglógicas lisonjas a su hermosura, su gracia y su viveza. La hosca repulsa después le fue tan ruda, que sólo el salir a la calle presuponía ganar una batalla de resistencia al pánico. No obstante, como don espontáneo, nato en quienes una tarea les represente imperioso, sumo esfuerzo, sus tres salidas por semana le bastaban para sus propósitos de examinar seres y cosas. ¿Podríase imaginar la lucha que silenciosamente libraba aquel temperamento, de suyo engreído y taciturno, para combatir las humillaciones en que la colocaba su situación, al par que hacer sentir su desdén y resultar superior al medio que la circundaba? Entre las desventajas de la soledad, únicamente la soledad puede dar a tal suerte de débiles, en atmósfera semejante, la ventaja de fortalecerse y formarse una reflexión, un carácter "como un pasatiempo". Y cual si se tratase de uno de sus apasionantes juegos callados, antiguos, de muñecas, ella no llegó a resignarse sino a querer esa lucha, estimulada por los vislumbres de una vida diferente de la ordinaria. Veámosla en su soledad, complacida en reconstruir e interpretar caras, gestos, actitudes, hábitos, palabras, ademanes. . . Su tenaz gimnasia de la memoria facilitábale saber exactamente los colores y formas de las casas, nombres y ubicamiento de los árboles y hasta las posiciones de las piedras.

Más tarde seleccionaría su lenguaje singular.

Comenzaba, entonces, a deleitarle la sensación de causar extrañeza o miedo; un interés, cuando menos, no compartido con nadie en el pequeño pueblo.

II

Uno de tantos domingos de mercado, Inés, vendedora de tomates, tapaba con costales un chiquihuiti grandísimo de Matilde, vendedora de loza, a quien María le compraba a la sazón una cazuela.

De improviso, chilló Matilde:

—Mi chiquihuiti, ¿dónde está? ¿Dónde? Se lo voy a sacar del alma misma a quien me lo robó ¡Aliviada está una con tanto trabajar para perder así la mísera ganancia! ¡Vamos!

Púsose en jarras:

—Eso aparece o . . .

Suspensa la cazuela, María la sonaba, probándola, en golpecitos con los nudillos de los dedos. Boquiabierta, enmudeció Matilde. . . *Tu chiquihuiti está allí debajo de esos costales.* Erguida, contraídos los labios, María señalaba el sitio.

—Cuídame aquí —suplicó la vendedora de loza.

Descubrió y trajo, arrastrando, el chiquihuiti.

—Gracias a ti. ¡Muchas gracias! No es nada la cazuela; llévatela —dijo a la compradora y le tiró, cauta, del chal, para que viese cómo depositaba una moneda pequeña, de plata, en el vidriado plano del asiento circular de la vasija.

Con rubores de novicia mercenaria regresó María del mercado.

Averiguan otras "placeras" preguntonas:

—Matilde, ¿quién te dijo dónde lo habían escondido?

—Esa. . . la hija de **Régulo**: María-la-Voz.

—María. . . la. . . voz. . . ¡Ah!

—María, la Voz.

Por la mañana del día siguiente, muy temprano, llamó Lupe Cadena: —María. . .¡Juu! ¿Se puede?

Abrióse la puerta.

—¡María! ¡Qué floja! ¿Todavía no sales a lavar, mujer?

María ofreció un taburete a Lupe y se sentó en otro.

—No voy hasta la tarde; no tengo mucha ropa.

—Anda. . . qué bonita, qué linda que te has puesto, desde que no nos veíamos. . . de chicas. ¿Te acuerdas?. . . Pues yo, mira, sin temer el qué dirán ni nada, vengo a visitarte, y aprovecharé para hacerte una consulta. ¿Sabes? Han desaparecido unos zarcillos de oro y rubíes que me tocaron de lo que dejó mi tía Casilda, la difunta.

Meditando, con la frente sobre la mano del brazo izquierdo en arco, recordaba María cierto añejo transporte hundido allá en los albores de su uso de razón, transporte que grabó a perpetuidad la figura de don Sixto, siempre borracho, en la misma cantina. . . *Don Canuto, el cantinero, tiene guardados los zarcillos.*

Invadió a Lupe un raro escalofrío.

—Ya ves lo que dice "él", don Canuto los tiene —aclaró María.

—¿Don Canuto?. . .

—Eso "dice".

María se levantó a retirar del fogón el pocillo de su desayuno.

—Acompáñame, María —rogó Lupe—; acompáñame, por si me los niega. ¡Miren al viejo tracalero!

Llegaron las dos jóvenes ante el mostrador de la

cantina. El cantinero se santiguó, como correspondía frente a una posesa.

—Deme usted los zarcillos.

—¿Zarcillos? ¿Qué zarcillos? Yo no vendo aquí de eso. . .

Se los trajo aquí don Sixto, el padre de Lupe. No haga que entre yo a buscarlos y lo ponga en la mayor de las vergüenzas.

Detrás del mostrador, el cantinero, sin dar la espalda, azogado y tartajoso fue como resbalando horizontalmente hacia un cajón.

—¡Ah! Unos aretes. . .¡Eso habían de decir! Me los trajeron a empeñar por cuatro pesos. . .

Por menos.

—Me parece que fueron cuatro. ¡Vaya, que sean tres!

Lupe pagó con un billete de cinco pesos. Ya en la calle, María recibió las dos monedas que sobraron.

Y presto acudirían Emilia, Rudesinda, Rafaela, Graciana, Flora, Filomena, Macaria, Filogonia, Domitila, Damasena. . . Si hubiera cartas de por medio, haríase leer tres veces los escritos, y saldrían de la infalible voz los vaticinios: *No te quiere. . . Tiene a otra. . . Sí, sí te quiere,* o aconsejaría *Dale celos. No le hagas caso. Correspóndele.*

Entonces gobernábanse así, tan elemental, tan simplemente, ansias, amores, corazones.

Reúnen las madres a los niños:

—Todos aquí dentro, que María y yo vamos al corral sólo un ratito.

Exacerbada la curiosidad a cuenta, justo, del apercibimiento, los chicos fisgan por cualquier intersticio con mayor empeño. Deslizándose, después de la consulta, atraviesa una mujer espigada, bellísima y extraña, de piel tersa y lustrosa como aceite; pupilas oscuras, quietas, de impasible cristal; cabello brillante, negrísimo, lacio y duro, en limpia trenza sujeta por listón de tono llamativo, que parte del nacimiento de la nuca y remata en lazo al sesgo sobre el contorno oval de la cabeza. Cierta noche que los chicos corretean por la plaza, ocúrreseles salirle al paso a María y motejarla: "¡María, la diabla!" Noches después reciben invisible pedriza, bajo la voz que los persigue: *Castigo de María.* Empavorecidos llegan con la novedad a sus familias, que unánimes resuelven:

—No se burlen de ella, porque "él" para defenderla y vengarla, puede ser muy capaz de hacerles Mal de Ojo, si no es que de arrastrarlos por los pies al otro mundo.

El leñador Pascual cae de su asno, a resultas de misterioso, repentino golpe que le priva. Molido, lo recogen al siguiente día en el camino. Algo, como gigantesco monstruo, lo había vapuleado. Le parece obra de encantamiento, y atribuye el caso a que horas antes, al salir de una taberna, hizo pública chacota de María.

En época de luna, los solteros refiérense sus cuitas. Nadie puede decir que la ha hecho suya, aunque a poco rogar ella consiente. Pero no empiezan los galanes todavía, con la luz apagada, las caricias, cuando son víctimas de alfilerazos, pescozones y patadas, que los acuestan en medio del arroyo, al trueno de la voz: *Son todos los de aquí unos abusivos. ¡Canallas! Pero no podrán conmigo. ¡Fuera! ¡Fuera!*

—Es que "él" está celoso —termina la conseja.

Los familiares no acaban, sin embargo, de recomendar constantemente a los hijos en edad de desarrollo, que tengan buen cuidado de no relacionarse en absoluto con María.

Delante de ella suelen sobrevenir alusiones tocantes a la leyenda de aquel pérfido ensañamiento para con los hombres.

—Yo no sé... Es "él" —sonríe, y tras corta pausa interviene la voz: *¡Claro! No voy a dejarla para pasto del sucio placer de vuestros hijos.*

Las madres ríen tranquilizadas, satisfechas.

Viene tiempo en que rehúsa atender a su clientela.

—No contesta el "amigo" —explica.

Vuela más tarde la noticia.

Perdió la voz. Está embarazada.

—¿De quién? —pregúntanse.

—Nadie sabe...

—Y "él" está celoso. Anda ella muy triste, porque "él" le retiró la palabra.

María sale del parto. Ahora más que nunca necesita allegarse recursos. Carga con su hijo y entra en la primera casa abierta.

—Buenas tardes.

—Buenas. ¡Cuánto tiempo de no verte! ¿Es tu niño? ¡Qué bonito!

De repente, la Voz: *Ya me reconcilié con María. Hoy que es madre, debo cumplir mi obligación de cuidar de ella y su criatura.*

María finge ofenderse:

—¡Pues me saqué la lotería! ¡Ni tan necesitada que estuviese de él!

Bien desolada que estabas.

—No lo hagas desesperar, mujer. . . Es que te quiere —intercede el ama de casa, jubilosa, porque ahora ya sabrá dónde paran unas enaguas que le hurtaron ayer del tendedero.

La especie cruza de punta a punta el pueblo.

—. . .así se reconcilió "él", y ella recobró la voz.

Pero, pocos meses después, la gente vuelve de misa erizada en comentarios:

—No se le había visto la cara desde que mató a Andrés Magaña.

—Sí, porque cuando salió de la prisión, no se le vio. ¿Dónde estaría escondido?

—Vive en casa de María-la-voz; allí duerme y come. A menudo paséase con ella, como si tal, como si fuera su marido.

—¡Cuándo acabará este rebumbio para que pueda descansar el alma en pena de mi sobrino Andrés Magaña!

—¿Pero cómo habrá sido eso? ¿Cuándo? Porque, no cabe duda, el hijo tiene la misma cara de "El Espejo".

—¡La misma cara! ¡Y sin habernos dado cuenta! ¿Pero quién podía imaginarse que. . . precisamente con él? ¡Cómo si no hubiese otro hombre en este mundo!

Por grupos despejan los fieles el atrio de la iglesia. Lupe Cadena afirma terminante:

—Ayer fui de consulta y el "amigo" no contesta. ¡Ahora sí, ahora sí le quitó la voz para no regresar nunca jamás!. . .

De prisa van las dos amigas, ante proposiciones de reunirse y hablar cada una con su novio.

—Puesto que Canepa ha vivido casi un año donde María, ¿no será obra de Canepa— "El Espejo"— todo, tanto las pedradas a los niños, como los golpes a los enamorados y la paliza que cayó sobre Pascual, el leñador? —deduce Domitila.

—¿Pero la voz?— replica Lupe.

¡Las voces! Las daría el mismo "Espejo" al atacarlos. . .

—Tal vez pueda ser. . . pudiera ser, ¿aunque no te acuerdas del exorcismo, del sacristán y del brazo peludo en el agua bendita? Todo es de fiar y desconfiar. Todo y nada es seguro en lo que es negocio del Demonio. . .

El misterio del embarazo, ¡cuán sencillo! Tiernamente le tomaron una mano. Sentada estaba María dentro de la cueva obscura.

—¿Espejo, de veras tienes miedo a que te maten?

—Mucho miedo —respondió el hombre flaco, pálido, con la barba crecida y la ropa hecha pedazos.

María pensó: "y yo, ¿no tengo miedo también a todo el mundo?"

—Como la pólvora se regó que habías salido de la cárcel.

—Anteayer. . .

Esa tarde, por primera vez desde la muerte de su padre, la joven fue a visitar el terreno cuyas escrituras heredara y que, de no trabajarse en siete largos años, era ya campo yermo. Deteniéndose a trechos, andaba con el vestido arrefaldado. Abrojos y otros pinchos silvestres armonizaban con el zumbar de grillos y libélulas, que hacían más palpable el silencio, donde un sol a plomo deprimía aún más el ambiente, agónico ya de sequedad y amarillez.

Dio con el pozo. Al pie del brocal remataba un sendero en declive; tragábase el límite opuesto, distante unas veinte varas, la lóbrega boca de una cueva.

—Es curioso —pensaba María—, que menos ésta, todas las otras veredas se han borrado.

E iba por la angostura, del pozo a la cueva, con esa su virtual presteza de ejecutar, de traducir en actividad inmediata sus ideas.

—¡Espejo! ¿Eres tú? ¿Qué haces aquí?

El hombre la miró con expresión de vencimiento, de indecible angustia.

—No tengo a nadie y he venido para huir de la venganza. . .

—¿A esconderte?

—Sólo por salvar la vida. Nos llegó el rumor hasta la cárcel. . . Si es cierto, sus hermanos no pensarán en buscarme aquí. ¿Es verdad que tú tienes la voz de "él"?

—Muy cierto. . .

"El Espejo" respiró en transfigurado semblante de alivio y de dulzura.

—Perdona. . . ¿Me perdonas?

—"¿Perdón?". . . La fuerza entera de su sexo, de su feminidad, afluyó palpitante a sus entrañas. Con esta palabra, que hasta entonces ningunos labios le habían dirigido, María era ya madre.

Pasada media noche, golpean a la puerta.

—¿Quién?

—Abran.

—Es Arcadio Magaña —bisbisea "El Espejo"—. . . Ar. . .ca. . .dio Ma. . .gaña.

—Voy —grita María, para el que aguarda fuera—. ("Vístete", le sopla a Pablo, "coge el machete y ocúltate a un lado de la puerta").

Vuelven a golpear violentamente.

—Ya voy. . . ("Yo me ocultaré del otro lado",. . .— insinúa ella.)

Listo a la alevosía, Canepa se persigna y queda en espera a ras del catre.

—¡Que ya voy!

Fulminado cae Arcadio, y sobre la misma yegua que trajera, huye a los montes "El Espejo".

Aprisionan a María, que pierde casa y terreno en abogado para obtener la libertad.

Ahora que ella es desgraciada, que sufre la calumnia y está sola con su hijo inocente, no puedo abandonarla. Yo sólo he sido y soy, le seré fiel: el único —resonó, primero, en los rincones de las galeras de la cárcel, y, luego, en las esquinas de las calles.

Mas, por entonces, lo que hubo de adivinar en el pueblo estaba adivinado. A veces, para no perecer de hambre con el niño, debía tomarlo de un bracito y llegar, como por casualidad, a la hora de mesa en los hogares, donde, intranquilos ante la maléfica presencia, sórdidos aceleraban el embuche, sin responder casi al saludo.

¡Ay, de qué negra entraña son por acá! Saben que María no ha comido, ven que está necesitada, y ustedes tan frescos hartándose.

María protestaba:

—¿Pero no digo bien que "éste" no hace más que avergonzarme?

En seguida se levantaban ora las madres, ora los padres de familia:

María siéntate. Sí, mujer; donde comen ocho comen

diez. Al cabo eres de confianza... Comerás con tu criatura de lo que hay.

Sí, María, no seas boba; cógeles la palabra a estos hipócritas, que si no fuera por mí...

Los chiquillos mirábanse perplejos, mientras las personas mayores sonríen:

—No le hagas caso...

¡Bah, bah, los muy ladinos! Me odian a más no poder y tal parece que se ponen de mi parte. ¡Gracias a que los conozco!...

—¡Cállate! ¡Insolente!, ¿callarás?

María estaba ya comiendo, cargada con el hijo.

En cuanto alguien iba a tocar la mejor fruta, mandaba la voz: *esa frutita para el niño.*

Poco antes de despedirse, rogaba: *un vestidito, un vestidito para el niño.*

A rebasar el colmo de infortunios, llegó un circo trayendo un ventrílocuo de la legua entre sus atracciones. Después de la función, mientras encamínabanse a dormir, dijo el cantinero, aquel de los zarcillos, don Canuto, al sacristán:

—Me parece que lo mismo que hace la mentada María-la-Voz, lo hace con sus muñecos, por diversión, éste del circo, sin tanto misterio, más barato, y acaso sin que tuvieran que ver con él ni mojiganga de exorcismo, ni aspavientos de brazo peludo al canto.

—¿Y las adivinaciones, tío Canuto? —satirizó, mordaz, el sacristán, rascándose las dos orejas en alusión al fallido trapicheo sobre los zarcillos—. Eso no pudo inspirarlo sino el Espíritu Maligno. Y las adivinaciones, ¡diga!, ¿cómo se las explica? —e hizo el signo de la Cruz.

54

Amoscado y confuso plegó, selló los labios don Canuto, sin brío ni otra gana de aventurarse a discutir.

Se acercaban las elecciones. Uno de los candidatos, Luis Martínez, sostuvo cierta charla con María. Cerraron trato, mediante el cual obtuvo ella la promesa de que Pablo Canepa, "El Espejo", regresaría y no sería preso ni molestado por ninguna autoridad.

Rodaba la Voz clamando: *Luis Martínez ganará,* y casi toda la población votó por él.

María, sin embargo, no disfrutó del ofrecimiento, pues antes de asumir el mando el candidato triunfador, vino la novedad:

—Mataron a Pablo Canepa en Acapulco.

Nadie escuchó ya más la Voz.

—Se le fue; pero ya le volverá —comentaban.

Un médico titulado, de quien se ignoran los motivos que le impulsaran a recluirse por aquellos lugares, le decía al cura, de sobremesa, en ocasión de tomar el chocolate: "La verdad es que, durante la noche que sirve de comienzo a la historia que usted me hace, esa mujer adquirió, a resultas de hablarse siempre para sí, el hábito de reproducir —involuntariamente al principio— algunos pensamientos en sonidos articulados, que fingían emitirse desde lejos. Era sólo un caso de ventriloquia obsesionante. Pero ella ignoraba lo que era, por qué era y que, además, padecía de histeria".

Estableció un pequeño negocio, gracias al puño de monedas, recompensa del victorioso Luis Martínez.

Vendía por las noches, dentro de su casa en fondo negro, junto a las puertas de la calle. Era detrás de una mesa, entre platos y un gran caldero, de pozole, a los reflejos de un candil con espirales de humo espeso. El caldero, colmado, del pozole, borbollaba sobre el fuego.

Pasan dos sombras a caballo y piden desde fuera:

—¡Dos pozoles!

Mientras María se inclina a servirles, una de las sombras le asesta un tajo al cuello.

Su cabeza cayó sobre el caldero, con las madejas largas de cabellos grises a los bordes.

El hijo despertó, llorando.

Ramón y Tránsito Magaña bebían viento en las tinieblas de la noche.

Amanece San Jerónimo con los cuentos en la plaza:

—Mataron a María-la-Voz.

—Hacía mucho tiempo que se le había ido la Voz.

—¡Qué vida triste!

—¿Saben quién tiene ya La Voz? Le apareció a la niña Lutgarda, de Atoyac. Ahora ella la tiene.

LA CANTARILLA

I

Quienes conozcan las selvas de Tierra Caliente sabrán del fuego —llama y brasa, humo y ceniza— que durante la canícula, en horas de sol, caldea el aire.

Chunhuás es un poblado de indios mayas y con su centenar de moradores allí está, redondo, cual cabeza de clavo enmohecido, dentro de la verdura jadeante, carnal, del arbolado espeso y gigantesco. A distancia simétrica, las casas —paja y palos—, sin puertas la mayoría, contémplanse unas a otras en torno al terraplén que hace de calle, palenque de trabajo y pista de recreo. Al centro hay un cuadrilátero de mampostería, el pozo común de largo brocal rojo y azul aparejo, del que penden seis carrillos. Continuamente seis jóvenes mujeres, frente a frente, en dos filas de tres, vense subidas al brocal. Muchas veces no las cubre sino ralo y albo fustán, cintura abajo. Relucen sus torsos de aromado cacao y ensayan sus brazos movimientos rítmicos, que imprimen al cuerpo dulce balanceo, tal un baile.

A compás vuelcan el agua y a compás vuelven a chirriar los carrillos y caer cubeta y cuerda al pozo.

En el panorama, la escuela —mayor y de techumbre más nueva que la iglesia— sobresale; pues, al igual que ésta, levantáronla en punto alto del caserío circular. Su piso es de una tierra blanca —sascab— que renuévase y apisónase cada domingo y riégase diariamente, tanto con higiénico propósito cuanto para prestar frescor grato a la atmósfera.

Muestra el pizarrón la tiza de varias columnas de números en suma y resta.

—Y con esto termina la lección de mediodía. . .

El maestro —rostro magro y cetrino; cráneo cuadrado; cabello negro y duro; camisa blanca, de mangas cortas; pantalón obscuro; ambas manos a las caderas— destaca su figura al marco de la entrada, sin puertas, de la escuela, mientras sus alumnos regresan de clase y métense a sus casas.

Cuando la oropéndola canta, indicio es de que algún viajero llegará muy pronto. El canto dice: buch, buch, buch cutal (inclinado, inclinado, inclinado viene), símbolo de posición y movimiento del cuerpo al andar. Aquella vez, en efecto, poco después del anuncio, asomó a la linde un caminante. Al cruzar ante la escuela, dijo:

—Maestro, Felipe Xiu, hoy hace dos años —y siguió su camino.

Xiu —vocablo maya— significa yerba. Las palabras del caminante dejaron reflexivo a Felipe Xiu, quien, aunque habituado a estos frecuentes lances de raza y de lugar, tardó una hora, de ajetreo y concentración de memoria y pensamiento, para descifrar el enigma.

Retrocedieron sus recuerdos hasta la visión de un día semejante, en que, puesto en marcha para visitar un aledaño pueblecillo, aquel mismo indio pasó, como ahora, y le preguntó sonriendo infantilmente, con su rostro siempre abierto:

—¿Dónde vas, maestro Felipe Xiu?

—A dar un *chan*-paseo, paseíto, paseo de mentiras.

—Mira tus pasos y que Dios te guarde. . . A lo mejor vas a un *noj*-paseo, grande paseo, paseo de verdad.

Es condición de buen transeúnte de la selva reparar sin esfuerzo, por gracia natural del instinto puro, en todo. Si anda solo, debe saber si alguna persona o animal está lejos o cerca. El rocío mantenido o alterado en las plantas, si es de día; la hojarasca, ligeramente quebrada, o la dirección de un tallo, son bastante para servirle de signos inequívocos. Atenta va su presencia, mirando el suelo y oyendo, sintiendo, poseyendo, abarcando cuanto le rodea, confundido con el pasado y el futuro próximos. Por el olfato debe saber qué persona o animal le precedió o viene detrás.

En el sendero, a dos escasos kilómetros del pueblo, Felipe Xiu encontró un terrón húmedo, fresco, liso, con huellas de haber sido formado por una mano, como una señal. Lo levantó del suelo y lo partió. Dentro había *xiu*: yerba. Estaba claro: "vas hacia la Muerte, a que te entierren". Felipe Xiu volvió sobre sus pasos, a Chunhuás. Era evidente: el Consejo de la tribu había decidido asesinarlo en el camino; pero alguien que le quería bien y trataba de insinuarle el peligro sin traicionar, a su modo, a los suyos, le puso ese mensaje. "Maestro, Felipe Xiu, hoy hace dos años." Hasta el momento aquel, antes no supo a quién debíale vivir aún.

II

San Luis es un paraje de dos casas. Dista tres leguas de Chunhuás y cinco de Santa Cruz, capital, en otros tiempos, de Quintana Roo. Este San Luis —como casi todos los poblados indígenas del Territorio— debe su nombre al agua: la del pozo, que perforóse allí después de la Conquista, brotó a setenta metros de profundidad un veintiuno de junio.

En el paraje andan desnudas, cintura arriba, las mujeres de las dos familias. José Mis, el jefe de una de éstas, es *h'men*, personaje con atributos de médico, brujo y adivino. De su vivir íntimo, pues, tienen que estar pendientes los pueblos y tribus mayas de los cuatro puntos cardinales de la región. José Mis considera extendido su patrimonio en un cuadro de una legua por lado. Al extremo norte llega ese cuadro a un vértice llamado Chunyaxnik, donde hay una sascabera, una cueva de tierra blanca, el sascab tan apreciado de los mayas por sus bondades para la construcción.

Dentro de la solemnidad del bosque profundo, Chunyaxnik y su sascabera no tendrían otro renombre que el de constituir, durante siglos, herencia de los Mis, si no fuera porque hace poco el h'men José viniese a darles resonancia viva. A la boca de la cueva veíase una cantarilla de barro. Esculpidos, asomábanse al centro —en direcciones opuestas— la cabeza, el cuello y el pico frente a la cola de un pavo real. Policromado relieve del plumaje y las patas cruzaban la superficie del contorno, completando la decoración.

De padres a hijos se trasmitía en lengua maya, por aquellas comarcas: "Algún día verás la cantarilla del *alux* (duende), del *u-yumil* o amo de los bosques y los montes. No debes tocarla. Está encantada y el Alux podría matarte allí mismo. Es cosa de los Mis. Cada año, en el mes de mayo, el h'men José, de San Luis, va a ofrendarle su *zacá*[1] y por eso, aunque no llueva, el Alux le riega, como antaño a sus ancestros, sus milpas a José, y sus tierras han producido siempre y producen más que las de los otros".

Raro era el año en que, a excepción del h'men, alguien pasara por la sascabera, y los pocos que pasaban seguían, indiferentes, adelante, con ese generalizado desinterés que inculca el hábito y adopta el hombre ciudadano al cruzar ante los monumentos de su urbe.

Para 1933, en tres años de maestro rural, Felipe tenía enseñado a leer y escribir a ocho jóvenes. Con cuatro de ellos: *At* Naal, *Jas* Ek, *Ur* Pech, *Ces* Chuc —Atilio *Maíz*, Jacinto *Estrella,* Urbano *Garrapata* y Cecilio *Carbón*— hizo un viaje a Santa Cruz. Internáronse a descansar entre la selva sombría y sentáronse cabe un cenote. Disimuladamente Felipe levantóse de pronto y, rápido, cogió una piedra.

—¡Déjala! ¡No la tires, maestro! ¡Suéltala! —gritaron a un tiempo, alzándose de súbito, también, los cuatro jóvenes.

Al cabo de medio minuto de mutismo, quitábanse làs manos con que se cubrían, de miedo, las caras y exclamaban sonrientes:

—Pues que son mentiras de los tatas. . .

—¡Mentira!

—Nos engañan los viejos.

—Nos han engañado.

Empuñaron piedras a su vez y, resueltamente, con la ansiedad de un temor no del todo vencido, lanzó al

---

[1] Bebida refrescante: masa de maíz disuelta en agua.

cenote la suya cada cual. Luego estallaron en risas:

—¡No pasó nada!

—Nada pasa. . .

—¡Puro cuento!

—¡Qué mentira!

Aquel cenote era sagrado; su agua sólo debía emplearse para los bautismos. Rezaba la leyenda que no podía beberse agua de él, ni tirarle nada dentro, porque saldrían mangas, monstruosas lenguas de agua, que arrastrarían a las profundidades al que lo intentara. Siguieron el camino a Santa Cruz entre esos comentarios y alguien dijo en castellano:

—¿Pues cómo te explicas, maestro Felipe, lo que sucedió al h'men José Mis, de San Luis? ¿Conoces tú a don Ces, el de Chunhuás? Que él te cuente; es hermano del h'men.

El h'men —relató Jas Ek— se trajo el año pasado la cantarilla de la sascabera, con la intención de poder ofrendarle zacá, diariamente, al Alux. Pensaba que así le regaría más y mejor la milpa. No obstante su razonable propósito, el traslado hubo de serle funesto, pues luego enfermó su hijo. El h'men comprendió que era castigo del Alux, por haber sacado la cantarilla de la cueva, y corriendo la devolvió; pero, al regreso, el hijo había muerto.

—¡Bah! Todos sabemos que la gente por acá muere violentamente. ¡Las condiciones de vida tan difíciles y pobres! —irrumpió el maestro—, ¡tan escasa la alimentación! Les aseguro, sin embargo, que a mí no me hace nada la cantarilla. Díganme dónde está e iremos a buscarla.

—Si quieres ir —contestó At Naal— ve cualquier día, menos el viernes que está despierto el Alux y pudiera matarte allí mismo, en el acto. Los demás días duerme y disminuyen los peligros.

—Entonces iré, precisamente, el viernes.

Felipe arguyó que era martes y tenían tiempo de sobra para regresar de Santa Cruz el viernes, cuando le indicarían dónde quedaba Chunyaxnik y él meteríase en la selva para coger la cantarilla.

Convenido así, dijo Ces Chuc:

—¿Sabéis pescar la sombra de la luna? ¡Pescadme! Soy el gato... —y salió corriendo. Pronto, al sortear un cedro, Ur Pech le tocaba el trasero, alborotando con regocijada malicia: *¡he-u-nazabil ziclá!* (aquí está el atado de la pepita). Ces Chuc —"el gato"— trataba, persiguiéndolos, de echar mano a los que se le acercaban para tocarlo. Por fin, acezante, atrapó al maestro, quien propuso:

—Juguemos mejor al *hooz ne quej* (arrancar cola de venado).

—Bueno —asintieron los cuatro jóvenes.

Dos de ellos quedánronse atrás y dos —los más jóvenes— apostáronse adelante, a unos cien metros. El maestro descortezaba ya un palo corto que acomodóse a manera de cola, pues sería el venado. Los de atrás —perros galgos— salieron en pos del maestro, estremeciendo con sus ladridos la vigilante acústica del espacio silvestre. Al cruzar el "venado" entre los cazadores trataron éstos de asirle la cola, mas robóles la vuelta y continuó su carrera, hasta que Jas Ek logró arrancarle aquélla y ganar el juego.

Próximos a la boca blanca de la sascabera, dijo Felipe Xiu, en templado acento:

—Pueden retirarse, si quieren, muchachos. Tengo

la firmeza plena de que ningún mal podrá ocurrirme.

—Nosotros no te dejamos.

—Nosotros te acompañamos. . .

Y los cuatro jóvenes, estaban poseídos de terror involuntario.

Felipe, tendidos ambos brazos a lo largo, clamó:

—No existes, Alux. Sin la más mínima vacilación en mi alma, te desafío a que me impidas llevarme de aquí tu *ppul*, tu cantarilla.

Tomó en sus manos la vasija.

—¡Miren, mírenla, muchachos!

Mal dominado su estupor —At Naal, Jas Ek, Ur Pech y Ces Chuc—, manoseábanla extremosamente. Instantes después, luego de reponerse, rieron a carcajadas.

—Tienes razón, maestro.

—¡Y es viernes!

—Nos engañan los viejos.

-—Ellos lo creen, pero son mentiras.

Y con la cantarilla, de una mano en otra, retornaban a Chunhuás.

Acordóse que el maestro quedárase con el trofeo y lo guardara.

Un mes de barullo produjo en Chunhuás el acontecimiento. Todos los atardeceres iban los jóvenes a la escuela, para reunirse en torno al maestro y hablar del Alux, de la sascabera, del cenote, mientras disparaban risotadas y bromas hacia los viejos, quienes, mustios, estacionados al marco de la entrada, refrenaban su disgusto, sin que osaran pedir ni tocar la cantarilla.

Vino agosto y Felipe salió de vacaciones con su esposa. En el camino de Chunhuás a Peto, enfermó ella de fiebre. No llevando consigo más vasija que la del

Alux, viéronse precisados a usar el amuleto. Felipe lavólo muy bien para darle agua a la enferma. Finalmente, llegaron a Oxkutzcab, su paradero, y la mujer se recobró del paludismo.

Dentro del hogar calmo, el cacharro adornaba una mesita de caoba adosada a la pared. Cierta vez, al obscurecer, un pequeño sobrino del matrimonio —tan pequeño que su estatura no alcanzaba el borde de la mesa— púsose en pininos para, con los bracitos a lo alto, allegar hacia sí el trasto. En el afán, rodó el objeto guardabajo y se quebró el pico del pavo. Gran alboroto y disgusto caseros causó el hecho. Con cera y cemento pegó, restauró el maestro, lo mejor que pudo, la figura. Y sin llevar la cantarilla, al poco tiempo, concluidas las vacaciones, volvió con su esposa a la escuela de Chunhuás.

—¿Y el ppul del Alux? —le preguntaron.

—Quedó en mi casa, en Oxkutzcab, ¿es mío, no?

—Tuyo —respondieron los jóvenes.

III

La sequía del año siguiente, aquel mal año 34, prolongóse hasta julio. La tierra tamizada, hecha nubes de amarillo polvo, danzaba loca de sed en el viento de fuego, a través de las veredas y los bosques.

Una tarde, por ese tiempo, Ur Pech, At Naal y Ces Chuc entraron juntos a la escuela.

—Te vendrán, maestro Felipe Xiu, a pedir la cantarilla; no la devuelvas.

—No la devuelvas, pat.

—No la devuelvas; tú eres el maestro.

El grupo de ancianos de Chunhuás habíase reunido en

San Luis, en casa del h'men José. Discutieron —voz queda e inalterable— los motivos de la sequía y acordaron que el hermano del h'men, don Ces Mis avecindado en Chunhuás, exigiese al maestro la entrega del ppul o cantarilla. Resolvieron que si no llovía era porque el Alux, el "U-yumil que riega las milpas" estaba muy ofendido por el robo, y que, además, aunque mucho lo deseara no podía regar, pues para hacerlo le faltaba su ppul.

Dentro de la escuela, sentado en un banquillo, el maestro yacía meditabundo ante la armonía que a sus ojos presentara la rueda silente de pajizas casas entre los trabajos de apariencia quietos y los cuidados apacibles del indio maya para con el perro, el cerdo, sus aves de corral y sus bestias de carga. De repente, así, giraron sus lucubraciones y pensó en que pronto habría de obscurecer y debería, por tanto, aprovechar el resto de la diurna luz para escribir. Se levantó y arrinconóse sobre un pupitre, de espaldas a unas oblicuas líneas de topacio pálido, que el sol en decaída filtraba por las rendijas entre carrizo y lianas del cercado.

Absorto, no advirtió la proximidad de don Ces Mis, cuando éste le saludara.

—Buenas tardes te dé Dios. . .

—Buenas tardes.

Y don Ces, para dar principio a su prefacio, tomóse media hora larga, densa, en que monologó acerca de los Santos Apóstoles; de setenta gallinas que murieron de la peste en Chumpón; de las piedras de los caminos; de los extranjeros que antaño vinieran a despojarlos de sus tierras; de los altos precios de las mercancías.

Al fin, habló de las milpas, de las muertes, de la sequía, y dijo persuasivo:

—No te hace falta. Devuélvenos el ppul. El lugar donde estaba es de nosotros. Allí vivieron nuestros padres y allí hacían sus milpas.

El maestro prendóse del estilo tan santo; midió la ternura entera de aquella súplica que conmoviese lo más hondo de sus sentimientos. Sin embargo, replicó:

—Esa no es razón, don Ces.

Don Ces volvió con su tono digno, fervoroso e intacto de trágico dolor, a hablar de la sequía, del ppul:

—No tienes derecho a retenerlo. Devuélvelo. Lloverá. Si no llueve, nosotros nada más pereceremos.

Felipe miró a don Ces, mientras rebuscara *in mente* cómo y qué oponer, presto y brusco, para no resultar dominado por la angustia.

—¡No tengo derecho! ¿Por qué no, si desafié a la muerte, si arriesgué mi vida? ¿Qué tal si me hubiese matado? Acuérdate, ¿o no te acuerdas ya que por menos de eso dicen que a tu hermano José le mató un hijo? Nada, don Ces. Justo es que quiera yo cargar con todo el maleficio, que bien sé no vendrá nunca sobre mí, pues. . .¿por qué no me hizo nada? ¡A ver! ¿Por qué no me hace nada? Don Ces, porque no existe, no puede. . .

—No, maestro. Fíjate: seres y cosas, todos, tienen su decadencia. No es que no pueda, es que no quiere; es que al igual que nuestra raza maya, que nosotros, los indios, nuestros dioses y duendes están dominados por la gente de fuera. Tú hablas nuestro idioma maya, pero no eres de aquí. Son dioses nuestros, no tuyos, y no quieren hacerte nada porque saben que cualquier mal que te viniera podría recaer en nosotros, y ellos no nos abandonan; dentro de su amor, su dolor, su cólera y misericordia infinitos, nos ven humillados, arrastrados, y quieren participar de nuestra vergüenza. Sólo con nosotros, para nosotros, tienen grandeza y eficacia hoy. Mas, como toda fuerza sobrenatural, quisieron tener y tuvieron valor y poder omnímodos en un tiempo, el tiempo de esplendor. Pero ahora, como estamos dominados. . .

La voz del anciano Ces Mis adquiría, sin alterar gesto ni ademanes, transfiguraciones en tremor extraño. Desde su asiento, el maestro, emocionado y confuso, mirábale a la cara. Aquellos ojos fijos, opacos, parecían ciegos. Ningún movimiento perturbaba la serenidad del rostro estático.

Felipe se levantó a encender luz, porque la de la tarde se extinguía. Mientras comunicaba el fuego del fósforo a la mecha de una vela, sostuvo este diálogo entre sí: —"¿Si yo prometiera devolver la cantarilla, advirtiendo que está quebrado el pico del pavo real porque un sobrinito mío. . .?" —"¡No debes! En primer lugar, porque así cederías a las supersticiones; en segundo, porque sin duda dirán que el Alux, el duende, disgustado, es quien lo ha roto. No debes. . ."

Prendida la vela, el maestro indicó a don Ces:

—Siéntese.

—No puedo.

Sentóse aquél y repuso, tajante, mirando al techo para no dar a entender la desazón de su íntimo agobio extremo:

—De ninguna manera devolveré yo el ppul, don Ces Mis.

—Bueno —argumentó el anciano—. No le pertenece y usted lo sabe; pero ya que no quiere reconocerlo, usted sabe lo que hace... Usted sabe lo que hace —concluyó y púsose, con el propio silencio que entrase, sin objeción de más ni el menor ruido, fuera de la escuela.

Vuelto a su casa, metió un paquete dentro de su morral o *zacubán*, que se echó al hombro, y encaminóse a San Luis para llevar a su hermano la respuesta.

A la hora de marcha le caía un copioso aguacero. Bajo la lluvia torrencial cumplió sus tres leguas de viaje y divisó el lar del h'men José. No obstante la lluvia, detúvose —como es tradicional— a la intemperie, más o menos a un metro de la choza, y pronunció el saludo ritual:

—"María".

IV

El h'men, de acuerdo con las más rancias normas de la etiqueta maya, no replica de momento, sino que coge un banquillo y apróntalo, sigiloso, a un metro del umbral, dentro de la choza. Hasta entonces no dice:

—*Oquén* (entra).

El visitante no debe sentarse de inmediato, al entrar. Irá primero hacia el jefe de familia, semidoblará una rodilla y dirá:

—Muy buenos días (tardes o noches, según la hora) te dé Dios.

—*Cic-tan-tac-Dios* ("buenos te dé Dios") —se le contestará.

Luego, habrá de dirigirse a la señora de la casa —desnuda cintura para arriba, casi siempre— y, flexionando, igualmente, la rodilla derecha, ejecutará idéntica reverencia con la misma frase y misma entonación. La señora responderá en las propias palabras, exactamente, que lo hiciera su marido, quien ofrecerá:

—Hele-Kancheó (allí tienes banquillo).

Después de tales ceremonias preliminares, siéntase la visita y habla de los Santos Apóstoles; de las apariciones; de los enfermos; de la mortandad; de la sequía; de sus dos hijos mozos que tiene en la escuela y que ya se han modernizado y van perdiendo la fe en los viejos credos. Por fin, de la lluvia, y dice:

—No quiere *nohoch-dzul* (Gran Señor). De acuerdo con tu parecer, yo también creo que es mejor no matarlo, ni tocarlo con violencia en su persona, porque los dioses nos pueden enviar muchos castigos, aparte de que el Gobierno mandaríanos tal vez otro individuo peor, por desconocido, cuando menos. Además, los jóvenes, sus discípulos, todos le guardan afecto y están de su parte en Chunhuás. Los dioses podrían vengarse, originando una matanza entre nosotros mismos. . . Y está lloviendo, hermano. . .

—Razonas con cordura; bueno está lo que piensas —aprueba el h'men José Mis.

Don Ces le pone en las manos el regalo que trajera y sacado ha del morral: un envoltorio con un crudo trozo de carne de *quitam,* nombre que por aquellos lugares le dan al jabalí.

CORTO CIRCUITO

No lejos, a dos leguas apenas de Pidiliditiro, el último villorrio que la línea ferroviaria toca, está ese bosque donde cruza un camino y existe aún aquella casa de una sola planta, jardines laterales, habitaciones con techos muy altos y colonial patio de baldosas, arquería, arriates, aljibe y emparrado.

Casi de madrugada partió, vacío, el viejo coche de la casa rumbo a la estación de Pidiliditiro. A cada rato, durante la mañana entera, las dos viejas criadas supervivientes y el jardinero, en balde salían a otear, anhelosos e inciertos, el camino.

—¡Tanto tiempo fuera!

—Éramos fuertes, jóvenes todavía cuando se fue. . . Lo que no entenderé yo nunca es —¡y Dios me lo perdone!— cómo no vino para la muerte de sus padres, ni para la de su tía Consuelito, a quien quería más que a su madre.

Por fin, a mediodía, cuando menos lo esperaban, en frotar leve del tapacete a los ramajes, y silencioso, mullido rodar sobre el alfombrado de hojarasca, llegó el coche.

—¡Rafaelito! ¡Rafaelito! —lloraba y temblaba la servidumbre, abrazando al heredero solterón que había llegado.

El viejo cochero rechazó en violento enojo la ayuda que trataban de prestarle para descargar el vehículo.

71

Bajó el equipaje y en tres vueltas, que hiciéranle cada vez cruzar de ancho a largo la inmensa casa, introdujo todo en un aposento aislado, claro y espacioso.

Después de comer, el cochero, al pescante del carruaje, regresó a la estación del ferrocarril en busca de un fardo plano, frágil y cuadrado que había venido por express.

Esta brisa de trópico santigua en beatíficas unciones los sollozos, las quejas, caricias y rumores arcanos que transmite la quietud sobrenatural, mística, suspensa, de la tarde, a cuyo influjo Rafael gesticula, vaga cenceño por la radiosa soledad reconociendo cada ladrillo, cada ventana, cada puerta, cada objeto, que, amortajados ya en su memoria por treinta años de ausencia, resucitan, actúan ahora como seres vivos que le pidiesen cuentas de su proceder, para gozarse de sus remordimientos.

El padre, la madre, la tía, los sirvientes difuntos, en cambio, usan las cosas y pasan o detiénense fantasmales por aquellos sitios, en la hora luminosa, sin parar mientes, sin notar siquiera la presencia humana.

Con estas alucinaciones y la nostalgia de tan largo viaje, Rafael, a la vez que un nacer de alas y el impulso sucesivo de abandonar en vilo todo esto, siente una pesantez de plomo que le insta a permanecer. Así traspone el comedor y toma descanso en una butaca de caoba con respaldo y asiento de vaqueta. Vuelan sus añoranzas a sus asiduas contemplaciones de un célebre cuadro de la sala de los renacentistas italianos, en el Museo del Louvre de París. Frente al célebre cuadro rememoraba siempre allí este comedor en una noche lluviosa, después de cenar, poco antes de disolverse la tertulia familiar. Dentro de la evocación, sentado en esta misma butaca, un niño hojeaba un álbum que contenía reproducciones a colores de las más importantes obras maestras de pintura. De pronto, su tía Consuelito, a quien el niño quisiera más que a su madre, chilló, llevándose las manos a la boca. El niño alzó los ojos y estalló en estridente risotada.

—¡Pero, Rafaelito! —reprendiéronle los padres.

Su tía mostraba el labio superior inflamado, saliente, tal un pico de pato. Habíala picado un tábano. El cantar de los grillos y las ranas coreaban el suceso. Muy serio, tornó Rafaelito la vista al álbum abierto en sus rodillas. Dobló la hoja y un semblante de mujer, morena y joven, le sonrió. La expresión de ''ella'' parecíale como la de alguien sometido al doloroso esfuerzo de dominar el efecto que le produjera un retozador cosquilleo en el cerebro, y esta interpretación contagió quizá de ese propio efecto la mente del niño, quien, tal vez, por reflejo magnético, obsesionante, de pathos clásico, acaso tendría el mismo gesto del grabado en la sonrisa, cuando al levantar de nuevo los ojos del álbum, le dijeron:

—¡Pero, Rafaelito, qué es esto! ¿De qué te ríes? ¿Te burlas?

El niño sólo miraba el labio inflamado, rubicundo, de su tía e invadíale hacia ella tan contradictorio sentimiento, que la ternura más honda y piadosa predominaba sobre la sorda cólera causada por el infortunado percance que interrumpiera su embeleso.

Mudo, con el álbum bajo el brazo, Rafaelito hubo de salir del comedor y entrar a su dormitorio.

Cual un malhechor, arrancó aquel grabado que in

mente denominó "mi estampa". Quiso, primero, guardarlo dentro del cajón de sus juguetes.

Pero —pensó— allí se estropearía. ¿La meteré en el baúl de mis ropas, entre mis camisetas? Mas allí —díjose— queda expuesta a que la encuentren.

Por último, decidió ocultarla al fondo de un baúl de chucherías antiguas, donde nadie, sino él, registraba.

Tornó con el álbum trunco hasta la sala y lo colocó en el librero, cerca del piano.

Crece y envíanlo interno a un colegio de la capital de la provincia. Le acompaña, naturalmente, su estampa inseparable. Por verla cada mañana al despertar, la pega en la parte interior de la hoja de su ropero de pupilo.

Una vez desaparece, y Rafael corre a manifestar, en acceso de alaridos y llanto, su desgracia. Sonriendo para sí, los prefectos ordenan pesquisas que resultan vanas. Los años transcurren y la adolescencia llega sin que el olvido venga y disipe el sentimiento pesaroso de la pérdida.

Ese fin de curso en que, concluidos sus estudios de bachiller, vuelve a casa, por nada cae desmayado ante la visión de una joven que le presentan.

—Inés —le dice a secas su madre.

Luego, la tía Consuelito cuéntale que la joven es la hija mayor de una íntima y principal familia empobrecida: —Hemos tenido que recogerla para aliviar la situación difícil de sus padres.

"¡Oh, aquí!" —murmura Rafael para sus imaginarios espectros y la soledad luminosa de esta tarde—. "El hilo de mis continuas evocaciones, fortalecidas a menudo en el Louvre, recaía infalible desde París sobre este mismo rústico sitio, con los pasajes de alegre desenfado respecto de Inés y de ansiedad contenida, temores, éxtasis, platónicos mutismos y falsos desdenes respecto de mí, exacerbado por un amor dentro del que nada o muy poco intervenía el deseo carnal de posesión. Aquí, un minuto marcó el delirio que ustedes ignoran y cuya sensación, desde entonces, como todo cuanto el hombre mejor oculta y jamás olvida, no he pasado ni un día sin dejar de percibir. En este comedor mismo y a esta misma mesa nos disponíamos a cenar. Lloveriznaba, como la noche en que descubrí y arranqué la estampa del álbum. Igualmente venían del patio inmediato la fragancia de los rosales y del obscuro bosque circundante sus aromas, entre la música de grillos y de ranas. Padre, tú estabas a la cabecera de la mesa. Al lado derecho, en línea, te seguían mi madre y la querida tía Consuelito. Yo estaba sentado frente a ellas, en la parte izquierda. Aún faltaba por sentarse Inés, en cuyos ojos a la sazón tenía yo puesta la mirada, pues entonces dirigíase a ocupar su lugar, el de la otra cabecera de la mesa, frente a ti. A tus espaldas pasó —no lo recuerdas, ¡no, indudablemente!— y llegaba justo al punto de mi silla, cuando se apagó la luz.

—¡Ay! —exclamó tía Consuelito.

—¡Vaya! —dijiste tú— ¡Qué país más abominable México! ¡Bonita planta eléctrica tenemos, con una luz que no sólo es mala sino que se apaga cuando le da la gana!

—¡Elodia! —gritó mamá, para una de las domésticas que servía la mesa—. ¡Elodia, trae pronto velas y los candelabros!

Paralizado, inmóvil, dominaba yo la delicia, el infinito gozo de ese instante. Las finas manos de Inés —ondas tenues— rozaban desquiciadoras el espesor de mis cabellos. Sus labios me recorrían la nuca en contacto silencioso. Giré hacia atrás la cabeza y nos dejamos entre las bocas el único beso que nos dimos en la vida.

Retumbaban ya los pasos de Elodia, cuyo bulto emergió luego, a lo lejos, opaco tras las flamas de dos candelabros a las manos.

Inés habíase retirado a distancia conveniente del respaldo de mi silla.

—Acaso ha podido ser un corto circuito —deslizó en inefable trémolo, aún de pie, con los brazos semicruzados sobre su vestido blanco de encajes vaporosos—. "Corto circuito. . ." —repitió en su perenne sonrisa, ambigua e inquietante.

—No, no —respondió tía Consuelito; pues, de súbito, no acababa todavía de acercarse Elodia con las velas, restalló, cegadora, la luz en las bombillas.

—Puedes llevarte los candelabros: no hacen falta —ordenó mi madre a Elodia.

—¡Gracias a que sólo fue una ligera interrupción en la central eléctrica! —tercié yo, cabizbajo, tímido, con intención de sondeo y disimulo.

Poco tiempo después, no obstante que bien tratara de esconder mis cautivos arrebatos, a causa quizás de nuestras miradas, nuestras actitudes, adivinaron todos —ahora seguro estoy— nuestros amores, y entre sutil afabilidad y mil delicadezas, era devuelta Inés a su familia y a mí me mandaban a estudiar a Europa. . ."

A salvo de parecer demencia, el soliloquio es interrumpido bruscamente. De repentino salto su autor yérguese de la butaca, para adoptar, en pie ya, postura de solícita pero tranquila espera. Resuenan pasos y rumores de voces. Detrás de las criadas, el cochero viene trayendo el fardo, cuadrado y frágil, del express.

—¡Martillo y clavos!

Una de las sirvientas, que a este mandato desapareciera en seguida, vuelve presto al comedor, con lo pedido.

—Vamos a colgar esto.

Rafael destapa el fardo, del que aprécianse los contornos de un marco y el blanco reverso de una tela. Así, subido a una silla, dase a la tarea de adosar, de frente, la célebre pintura a la pared.

—¡La señorita Inés! —exclama Paulina, una de las sirvientes.

—La señorita Inés —secunda Braulio, el cochero.

—¡Oh, su misma cabellera, la misma frente, su misma color, su misma sonrisa! La señorita Inés. . .¡Si no le falta más que hablar!

Al unísono ambas criadas llévanse las puntas de sus delantales a los ojos y comienzan a gemir.

—La señorita Inés. . . —concluyen raseras, encorvadas ingenuamente, a dúo.

—Inés —sonríe Rafael, con rictus que, como reflejo del cuadro, le infunde raro, doloroso, inhibido escozor en el cerebro, donde circula de nuevo la noche lluviosa, el niño ensimismado, el álbum sostenido en sus rodillas, la tía con el labio cual un pico de pato, e hilvánase una vez más la evocación. . .

En verdad, el retrato que por Inés toman las criadas, es un óleo que representa sólo una buena —una de tantas—, aunque más o menos cara, reproducción de *La Gioconda*.

    ¡Y maldito quien infiera de aquí aficiones de gusto o predilección por la pintura de Leonardo! No ha pretendido este cronista del Zodiaco sino una ligera reseña de lo que vio alguna vez ocurrir sobre la Tierra, bajo el signo de Aries, que, sabido es, aparentemente roza el Sol al comenzar la primavera.

LOS SUICIDAS

Pasaje imitativo y actualizado de un capítulo de la novela *Misericordia*, de don Benito Pérez Galdós, para una adaptación cinematográfica requerida por Producciones Islas.

SOMBRA DEL ESPECTADOR.— La estrella mexicana de cine, teatro, cabaret, radio y televisión —Carol Watson— en el papel de Graciela, una chica romántica de 17 años, y usted, joven amigo, como coestelar en el de Lucas, su novio, ocupan una mesa de solitario restorán *(Música de fondo: viejo vals en un organillo lejano)*.

GRACIELA *(sollozante).*— Tendrán que ver que no era un juego; que sí somos uno del otro hasta la tumba.

LUCAS.— No llores, mi cielo. Caro pagarán sus infamias.

GRACIELA.— ¡Qué desgracia que seas hijo de ese abarrotero, el odioso dueño del almacén *El surtidor!*

LUCAS.— Y tú. . . tú, la hija de esa bruja de la cofradía de San Vicente, que se ha vuelto millonaria con sus hospitales para niños desvalidos.

GRACIELA.— Más me valiera ser hija de una pobre lavandera.

LUCAS.— Y yo de un sastre, de un zapatero. Hasta un cargador sería preferible.

GRACIELA.— ¿Acaso nosotros les pedimos que nos dieran el ser? ¿Y para qué nos lo dieron; para hacernos desgraciados? *(Llora muy quedo).*

LUCAS.— Oh, mi amor, déjame limpiar esas perlitas. No puedo verte llorar y menos en esta hora, cuando necesitamos toda nuestra fortaleza de ánimo.

GRACIELA(*sonándose*).— No, si no lloro por mí. Por mí me iría sin más; pero por ti, corazón. . . ¿Cómo puedo abandonarte? ¿Qué sería de ti? ¡Tú tan guapo, tan inocente, tan bueno. . . sólo entre las bajezas de este mundo!

LUCAS.— Bien sabes, Graciela, idolatrada, que yo tuyo o de nadie, y ante la ruindad de tus padres y los míos, que impiden nuestra unión en vida, primero desaparecer. El remordimiento roerá sus conciencias.

GRACIELA. (*sonándose de nuevo*).— ¿Escribiste tu carta de despedida?

LUCAS.— Con tantas cosas, ¡imagínate!, no se me ocurrió.

GRACIELA.— Yo sí: la dejé dentro de mi libro de cabecera.

LUCAS.— Puedo escribir la mía en una de estas servilletas de papel, ¿verdad? No se merecen más.

GRACIELA.— Claro. Hazla en seguida, mi amor. No hay que ir contra la costumbre. (*Cesa la música de vals en el organillo lejano*).

LUCAS.— Mientras tanto, ¿pedimos unos refrescos para disimular?

GRACIELA.— Desde luego, porque el cianuro debe saber a rayos y habrá que tomarlo con algo. . . digo. . .

LUCAS.— ¿Quién dijo cianuro? Aquí traigo la pistola.

GRACIELA.— ¡Ay, Luquitas, odio tanto el ruido! Además, si me tiembla la mano y quedó sólo mal herida. . . ¡qué plancha!

LUCAS.— ¿Y quién dijo que tú vas a disparar el arma? Para eso estoy yo.

GRACIELA.— ¡¡Tú!! ¿Te atreverías?

LUCAS.— Te lo prometo. Ya viste en las ferias cómo no se me escapa ni un patito.

GRACIELA.— ¿Pero si sobre de muestra yo, al disparo viene gente y te agarra y te obliga a vivir en la cárcel donde abunda tanto presidiario? ¡No! *(rápidamente saca de su bolso un frasco que tiene una etiqueta con una calavera y dos canillas, bajo las cuales dice: Cianuro).* Mejor veneno, el cianuro; pero pensar que te vas a poner azul, azul. . . *(música: "Azul pintado de azul").*

LUCAS.— ¿Qué te parece si nos encerramos en mi automóvil y nos lanzamos al precipicio?

GRACIELA.— ¡Sí, sí, sí! *(pausa)* Pero. . . ¡qué horror! La cara toda desfigurada y quién sabe en qué postura nos hallen. ¡Imagínate!

LUCAS *(pensativo).*— Eso sí. . .

GRACIELA.— Y también es cosa que me inquieta el velorio. Porque de que lleven los cadáveres a una inmunda delegación de policía. . . ¡tampoco!

LUCAS.— Cierto. ¿Cómo será bueno? Déjame pensar.

GRACIELA.— Me gustaría que nos velaran en la misma funeraria donde velaron a tu tía Chole.

LUCAS.— Ah, sí, es de mucho lujo. ¡Qué capillas tienen! Candelabros de oro. Piso de mármol. ¡Qué muebles!

GRACIELA.— Algo que también me preocupa es adivinar lo que dirán en el velorio.

LUCAS.— Por mí, parece que los estoy oyendo: "Gracias al Todopoderoso que los recogió en su seno".

GRACIELA.— ¿Quiénes crees que irán al cementerio?

LUCAS.— Algunos que yo no quisiera.

GRACIELA.— Tampoco yo quiero que vaya esa *Chiquis.*

LUCAS.— ¿Cuál *Chiquis?*

GRACIELA.— ¡No disimules! *Chiquis* **Rascón:** aquella que te hacía carita y tú le coqueteabas.

LUCAS.— ¡Otra vez! Respeta siquiera este supremo instante, Graciela: no empieces con tus celos.

GRACIELA.— ¿Celos yo, de semejante tapón de bañadera?

LUCAS.— Siempre los tuviste y me atormentaste.

GRACIELA.— ¡No me comprendes, Lucas! ¡Nunca me comprendiste! Te juro que sólo me indigna la idea de que se compre un traje negro en barata. El negro le sienta muy bien: la hace más delgada.

LUCAS.— ¡Cuántas Chiquis con traje negro se quedarán a penar en el mundo! ¡Qué más da!

GRACIELA.— Para ti sí; pero yo lamentaría darle el gusto de pavonearse y coquetear a mis costillas, ¡vaya!

LUCAS.— Estás demasiado nerviosa, chatita. Se conoce que —como yo— te hallas con el estómago vacío.

GRACIELA.— Puede ser. . . ¡Ay, qué bien huele!

LUCAS.— Parece mondongo.

GRACIELA.— ¡Qué hambre se me ha despertado!

LUCAS.— Andale, pues, pide.

GRACIELA.— ¿De veras?

LUCAS.— Claro, yo también desfallezco.

GRACIELA.— ¡Ay, mi Luquitas, agonizando de hambre! ¿Qué puedo hacer? Yo por ti, me resigno a todo.

LUCAS.— ¿Entonces?

GRACIELA.— Sí, pedimos, ¿no?

LUCAS.— ¿Qué, nena? ¿Enchiladas suizas, mole de guajolote?

GRACIELA.— Las dos cosas. . . ¿Ves, mi rey, qué fácil? Ya no se quedará huérfano ni canarito. ¡Inocente Caruso! ¿Qué iba a darle de comer?

LUCAS.— Y mi fiel Nerón. . . ¡cómo aullaría!

(Aullar bronco de un perro, tras una pausa el sonido peculiar de un líquido que chorrea).

Lucas.— ¿Oyes ese ruidito, Graciela? ¿Será un ratón?

Graciela.— No, tontito, fue el cianuro que eché en la escupidera.

Lucas.— Pero aquí queda la pistola.

Graciela.— ¡¡Lucas!! ¡Guarda eso, por favor! Ya sabes mi pánico al ruido de las armas de fuego.

Lucas.— Tienes razón: los tiros pa' los patitos. ¿No quieres algo de música?

Graciela.— Sí, pero antes recítame aquellos versos tuyos, que tanto me gustan.

Lucas.— Por una mirada un mundo,
            por una sonrisa un cielo,
            por un beso. . . yo no sé
            ¡qué te diera por un beso!

Graciela.— Dámelo, amor. *(Se levanta y la besa. En seguida saca de un bolsillo de su pantalón un fajo de billetes que le muestra y ella examina contándolos).*

Lucas.— Son tres mil. Anoche los tomé de la caja de mi padre.

Graciela.— ¿Cómo. . . te atreviste? ¡Qué barbaridad! Pero entonces. . . somos. . . *(gozosa)* ¡somos ricos!

(Pasos de él hacia la sinfonola, fuertes acordes de rock'n roll bajan de inmediato a fondo musical).

Sombra del espectador.— Ahora usted, joven amigo, en su papel de Lucas, y la estrella mexicana Carol Watson —mexicanísima, ¿verdad?— bailan para la obra *Los suicidas* el más movido, el más excitante rock'n roll de moda: *¡El Torombolo*, campeón de discos en la venta de este mes! *(Sube la música de rock'n roll hasta el fin).*

EL ALMA EN PENA

Nadie que pase una hora siquiera en Campeche desconocerá el *Cuauhtémoc,* ese hotel con soportales que miran a lo que fue la vieja Plaza de Armas. Acaso quien haya comido y dormido allí diga que ese hotel no tiene nada de particular, pues en Campeche todo es agobio y nada tiene de particular, excepto la tristeza, que sí es mucha no obstante el rabioso rascarse el picor de los mosquitos, la tórrida temperatura, el estruendo inútil de los vehículos y el sudor infernal. . .

Sin embargo, bueno es distraer a los viajeros, y particularmente a los huéspedes de ese hotel, con la extraordinaria historia del edificio, admitiendo, para descargo de cualquier oculta presunción de originalidad, que su génesis colonial es muy semejante a la de casi todas las casas del centro de Campeche, antaño blanco de corsarios y cabecera de contrabandistas y raqueros. ¡Vengan arriba! Subamos por encima de las azoteas a la elevada torre negra del mirador, descendamos a los corredores de planta alta, cuyos arcos y mármoles vieron alojarse a la Emperatriz Carlota cuando el apogeo de su belleza y juventud; bajemos luego los peldaños de la espaciosa y cómoda escalera sin detener la vista en ese feo busto de Napoleón y aquellas estatuillas cursilísimas, de pésimo gusto, que hay sobre las columnas de los remates del pasamanos, atravesemos el pasillo anexo al bar, y orillemos el comedor que se ve, conforme bajamos, hacia la izquierda del pasillo. ¡Aquí están las mesas, las sillas y el sopor de siempre!: el tedio, ese tedio campechano, de paradójico ascetismo tropical, no importa que a esta hora de mediodía traten de aturdir y aturdirnos las carreras, las risas y los gritos de obesos traficantes, rábulas perillanes y cubileteros amanuenses.

Si saliéramos un rato a escudriñar la casa por fuera, veríamos que al zaguán central que tenemos enfrente y hace de entrada al hotel siguen, a simétricas proporciones, cinco puertas accesibles a cinco cuartos en hilera, correspondientes a otros tantos establecimientos de artesanos: un barbero, un talabartero, un platero, dos talleres de sastrería. Volviendo, aún hay una puerta más, de acceso al bar del hotel, y al doblar están los soportales, que asimismo se comunican con el bar. Tal disposición de la casa, como se ve, era propia del mesón de un solo piso que fue en la antigüedad, cuando la Audiencia, tras del fin de los portales, hallábase al terminar la esquina de la misma acera de éstos. Algo, muy poco de imaginación. . . y todavía dijéramos que tocamos en los muros las argollas donde viandantes de paso amarran sus cabalgaduras, o que algún encomendero en tránsito viene a hospedarse con su séquito de esclavos que aligeran de equipajes a las bestias.

Hacia el año de 1660, el hidalgo español, don Antonio de Zubiaur Ximénez de Montalvo, que al venir a hacer América trocara la hidalguía, cual otros tantos, por la prosperidad del bolsillo a base de un hostal, era dueño del mesón. Transcurrían los años y no aumentaba la hacienda en la medida de la ambición ni recompensaba holgadamente la fortuna el devalúo del linaje y los sinsabores del abandono del nativo solar.

A la sazón en Villahermosa —Tabasco—, con el exuberante desarrollo del cuerpo elástico, el pleno endurecimiento de los músculos, su donaire espléndido al andar y un toque de atávica gracia, de viril belleza animal, pero singular, al sonreír entre el jugoso estuche de la enorme boca y el fulgor envidiable de los dientes, trasponía su adolescencia el negro Juan, huérfano, hijo de esclavos y esclavo a su vez de don Pedro de Lamadrid y Soberanis, muy rico negociante español, atrabiliario aunque suave cuando le convenía, cruel hasta por capricho y dulce cuando amaba, franco y ladino, tan rufián como santo y caballero de ejecutorias todas discutibles, quien, soltero a los cincuenta años más o menos, hubo cuentas de su capital, y concluyendo que de convertirlo en oro efectivo bien podía volver a España, desposarse y darse allá regalada vida el resto de sus días, vendió tierras, casas, mercaderías y esclavos, menos diez sacas de cacao ("para que no le fuese a faltar nunca en España el chocolate"— dijo) y al negro Juan, su esclavo favorito, por el que mostrase paternal cariño y hubiera dado cuando menos un brazo, no obstante que la progenitora del joven esclavo, siendo éste un niño de pecho, murió como una bestia en un rincón de la cocina de la casa de don Pedro, y el padre acabara su existencia molido a palos en una finca del propio amo. Así, pues, ante aquellos propósitos de tomar en Campeche bergantín para España, toma don Pedro, con esclavo y cacao, goleta para Campeche, donde llega una hirviente mañana de julio a hospedarse en el mesón de don Antonio. Una de las condiciones que impone, y el hostelero hidalgo atribuye a simple capricho extravagante, incluirá las sacas y al negro Juan dentro de la propia alcoba de don Pedro.

Aquí surge la duda de si debiéramos o no callarnos, por sabido, el que en esas épocas las naves que volvían de sus largos viajes a Europa entraban a carena y se pasaban semanas en el astillero hasta su restauración. En espera de barco, por circunstancia tal, permanecía don Pedro en Campeche cuando le acometió una fiebre perniciosa, que del habla y el sentido no le dejó sino lamentaciones desde el primer instante. Muerto a los tres días del violento mal, don Antonio, que no hallase dinero alguno en la escarcela del difunto, pero que valuara mentalmente las sacas de cacao y el precio del esclavo, le preparó grandes exequias en la iglesia y entierro de primera, como correspondía a las proverbiales riquezas y rango de don Pedro de Lamadrid y Soberanis.

Lloraba el negro Juan a su amo, empero sin despejar en su imaginación la incógnita de las sacas de cacao y menos quitarles para nada ojo de encima. ¿Qué hacer? ¿Cómo poder sacar de allí esos bultos o cómo abrirlos y extraerles las bolsas de tesoros que sólo él sabía contenían? Y después, ¿cómo salir con las bolsas sin ser visto? ¿Cómo huir y a dónde? ¿A dónde que tuviera segura la vida? ¿Cómo podía existir entonces un negro con dinero?

Por aquella noche aún accedió don Antonio a que durmiera junto al cacao, en la alcoba misma que había desocupado el amo con su defunción, achacando los ruegos desgarradores del joven negro a conmovedora fidelidad de esclavo modelo.

La mañana del siguiente día, resistiéndose, fue arrastrado ante la Audiencia, sin piedad a sus sollozos. Expuso don Antonio, luego de sentarse, que al alojamiento, manutención, gastos de enfermedad; funerales y entierro de don Pedro de Lamadrid y Soberanis importaba, según cuenta que en el acto exhibía, tantos pesos más tantos reales, medios y cuartillas, y que para resarcirse de tales quiebras y atenciones mediante los pocos bienes que dejara el finado, proponía se le adjudicase en propiedad el esclavo, a la tasa que impusiera la Audiencia de no haber en plaza mejor postor, y se rematase diez sacas de cacao depositadas en el aposento que ocupara el difunto, de todo lo cual se le rembolsaría a don Antonio, hechas las deducciones de costas y demás, y el sobrante quedaría en la Audiencia para misas al alma de don Pedro, o lo que a juicio de la propia Audiencia se tuviese a bien determinar.

Iba a responder el Oidor que estaba de perfecto acuerdo, cuando ve don Antonio que el negro se inclina, y escucha que le susurra algo a las orejas. Se alza de su asiento, retírase a trecho razonable —sin salir de la estancia— con el negro que miraba el suelo, adopta aire paternal y posa una mano sobre un hombro del esclavo. Debía usar barba puntiaguda el hidalgo don Antonio de Zubiaur Ximénez de Montalvo, y ser uno de esos personajes que al hablar parecen sorberse el aliento, a fin de reprimir a voluntad sus emociones, gozar fama de honorables, proclamarse discretos, sisear bien y acentuar en su sitio correcto las palabras, facultades todas ellas que sirven tanto para mantener a buen seguro el más difícil secreto ante una reunión como para impresionar en favor con una voz cavernosa o campanuda. Patriarcal, volvió a tomar asiento don Antonio y dijo que profundamente acongojado ahora por la suerte del pobre esclavo Juan, allí presente, sólo esperaba la tasa de la Audiencia para rescatarlo y darle libertad, y que en cuanto a las sacas de cacao bien podría, para desahogar de una buena vez la vista y deseoso de poner punto y fin al lance aquel, pues era hombre ocupado en sus negocios, tomarlas al precio de plaza o venderlas por su cuenta, entregando a la Audiencia el saldo, si lo hubiere, no sin que por ningún motivo dejase de percibir ella sus costas. La Audiencia, al ver que de modo tan espontáneo y galano la desembarazaban de líos y ajetreos, sin perder sus honorarios, aceptó la propuesta de que don Antonio pagara el rescate del esclavo y se quedara con las sacas de cacao a cuenta de sus quebrantos por la muerte de don Pedro.

No pasaron muchos meses sin que la gente comenzara a murmurar, pues don Antonio debió poner muy pronto en circulación buen número de onzas de oro para establecer un gran comercio, comprar navíos, haciendas, casa, dos calesas, suprimir el mesón y convertirlo en palacio de dos pisos con sótano y alto mirador, desde donde observar el mar y las maniobras de los piratas que asolaban con demasiada frecuencia, entonces, la villa y puerto de Campeche. El sótano, lo último que se hizo en las innovadoras obras del antiguo mesón, era húmedo calabozo con reja, grilletes y cadenas empotradas a los muros.

Aunque legalmente libre, el negro Juan entró al servicio de don Antonio y allí seguía. Jamás, desde aquella mañana en que salieron juntos de la Audiencia, se les vio separados. Donde iba don Antonio iba Juan y decíase que dormían juntos en el mismo cuarto.

Quien hace lo que no debe, oye lo que no quiere —es un viejo refrán que hasta don Antonio solía también repetir al amonestar a su servidumbre. En ocasiones tarda mucho el pecador en oír el reproche de su culpa, pero cuando lo oye, mientras más tiempo tarda, más le hiere o más le espanta. Así, de visita fuera de casa una tarde, donde menos lo esperaba sorprendió, o creyó sorprender, alusiones que le sonaron a indicios de la murmuración por su enriquecimiento repentino.

Mas a don Antonio, hidalgo hecho a tragarse al hablar su propia voz, no seríale difícil contener súbitas cóleras. Observante católico, además, rechazaba su conciencia la impulsiva tentación de violenta muerte al prójimo. Su moral de comerciante, desde luego, y más en esa época de filibusterismo y esclavitud, no toleraba el admitir que hubiese él infringido ninguno de los mandamientos de la Ley de Dios, sino al revés: como a los Conquistadores, Dios mismo habíale mandado aquel oro, como premio a sus sacrificios por mantener en alto el culto de la Cruz, viviendo en aquel inhospitalario país de indios. ¿Había hurtado? ¿A quién: al muerto don Pedro, que ya es de suponerse qué malas artes habría puesto en adquirir tantas riquezas; a la familia de don Pedro, de la cual ciertamente ignoraba su existencia, pero que, de existir, llevaría en la Península una vida menos peligrosa que la suya; al Teniente Rey o a la Iglesia, cuya conjunta voracidad de sobra conocía; al negro Juan. . .? Aunque el romo aguijón del subconsciente lejano ensayara herirle a veces, no era en verdad ningún remordimiento lo que le sobresaltaba: era pánico, era la presencia del negro, era la duda en la seguridad completa de la lengua de Juan, la incertidumbre del futuro de su reputación, era el indecible miedo real, no al castigo divino ni al retorno a la pobreza ya, sino a la caída en la infamia bajo el juicio de los hombres, al orgullo manchado, al derrumbe de la veneración y la respetabilidad. Tenía oro y esclavos, como lo tenían los demás caballeros españoles de su posición; era buen cristiano, tanto o mejor que los otros encumbrados varones de su alcurnia, y como no había cometido ningún pecado mortal ni pensaba en cometerlo, para nada comunicó al Vicario, el padre Nájera, su confesor, el origen de su opulencia ni las prestas medidas necesarias a su normal conservación y marcha mejor de sus negocios.

Continuaba soltero. En el proyecto de su defensa frente a la obsesión de incesante acecho y el de ganar para sí la absoluta confianza sobre todos los hombres, entraba el mandar pronto a las cuatro haciendas de que era dueño, con intermitentes plazos fijos, metódicos, a sus tres criadas y a un mozo, bastante servidumbre, además de Juan, para un célibe hogar hidalgo de Campeche. Así evitaba importunos testigos posibles a la hora de poner en ejecución el plan premeditado. La casa debía estar limpia de esos cuatro domésticos para San Juan, el 24 de junio, pues con anticipación propalara ya que el mejor regalo, el mayor festejo de ese año en su santo a su fiel criado, sería una manda de trescientas onzas de oro que le daría con su bendición para que saliese a correr su suerte lejos, a tierras que habría en el mundo donde fortuna y hábitos fueran menos adversos a un negro, y de las cuales no volvería Juan hasta verse convertido en hombre rico y de provecho. Con tal dicho, don Antonio ganó fama de loco generoso. El 24 de junio, San Juan, era entonces fiesta de guardar. Los almacenes todos y las tiendas permanecían cerrados. Cerrada estaba, por consiguiente, la casa del hidalgo don Antonio, donde la víspera se hubiese visto dentro, solos, hasta casi el amanecer al negro Juan y a su señor, uno frente a otro, sirviendo el amo al criado manjares y vino y más vino español de sus opíparas bodegas.

El negro Juan rompió a reír:

—¡Ja, ja. . .! ¡*Vuesarced* se lo robó! ¡*Vuesarced* se robó el oro!

Don Antonio se levantó a traer una jarra más de vino rojo.

De pronto el coloso negro dobló el cuello, azotó la frente contra la mesa y quedó mudo, inerte de borracho.

Su señor se alzó para mirarle impávido un momento. Cogió una servilleta: le tapó con ella la boca: le ciñó el paño que trincó fuertemente y se lo anudó atrás de la nuca.

Luego, a duras penas cargó el cuerpo, y vacilante desapareció con él hacia el sótano en la penumbra de la madrugada.

Al regreso decidió, gesticulando, que aquella determinación le impedía, quizás para siempre, contraer matrimonio y formar una familia.

Vinieron los nuevos criados y entre las hablillas de los secretos caseros, que siempre, ellos divulgan, sólo contaron que su señor era hombre tan reservado y bueno como raro, que no aceptaba convites ni invitó a nadie a su casa, tal vez porque, comiendo mucho, fuese de los que tuvieran la manía de que no les viesen comer, pues al hacerlo todos los días a sus horas —desayuno a las seis, almuerzo a las once y cena a las cinco de la tarde— ocultábase hasta de la servidumbre, ya que al desayuno, con una gran jarra de chocolate y una bandeja llena de pan, bajaba a un tercer patio, vedado, del fondo del caserón donde sabían existía un sótano que jamás habían visto, y al almuerzo bajaba cargado

de una canasta grande, agua y su botella de vino, y
abría y cerraba la puerta para comer allí, y cuando salía
cerraba de nuevo con llave la puerta de aquel patio, y
para la cena bajaba igualmente con la canasta repleta
de alimentos, y que en ese patio misterioso debía tener
su mesa, pues manteles sí llevaba cuando bajaba y salía
después, aunque la mesa grande del comedor siempre
estaba puesta como esperando a un invitado.

Si algún amigo curioso pedíale noticias del negro,
contestaba el hidalgo de modo invariable, pausado y
evasivo:

—Corriendo su suerte. . .

Algo más de cincuenta años vivió en Campeche, sin
salir nunca de la villa, don Antonio de Zubiaur Xímé-
nez de Montalvo, y un cuarto de siglo, por lo menos,
pasó la existencia cual describieran sus domésticos.
Octagenario, mas robusto aún, cierta mañana de
diciembre de 1710, antes del almuerzo, yendo al sótano, canasta en mano, resbaló de lo alto de la escalera principal, rodó y levantósele con fractura del
cráneo.

Llegaron los médicos y llegó el Vicario, el padre
Nájera, su confesor, quien por más que hizo únicamente logró conseguir del moribundo estos rugidos:

—¡Come esclavo. . .!

....

—Si hablas, si llamas, si gritas, mira el puñal que
atravesará tu corazón!

....

—¡Llevadle, llevadle, llevadle de comer al negro
Juan!

....

—¡Oro! ¡Oro! ¡Las sacas de cacao de don Pedro! ¡Llévenle, llévenle pronto de comer!

....

En el estertor sibilante, musitó a pausas:

—¿Comes, Juan? ¡Cacao con oro y oro en el cacao! ¡A comer, negro! Sótano. . .

Al llegar aquí murió el hidalgo don Antonio, a la una de la tarde.

Pasó el resto del sol con la afluencia de todos los señores de Campeche; pasó el velorio; pasó el día siguiente del entierro, y pasaba la noche en silencio impresionante con el temeroso luto de las tres criadas y el mozo, cuando se oyó una serie de aullidos bestiales, de lamentos lúgubres y largos

Los sirvientes saltaron escaleras abajo a la calle, gritando despavoridos entre el frío, la llovizna y las tinieblas de la noche.

—¡El Alma en Pena! —mientras reponíanse del terror para pedir posada al vecindario, que, según alude la conseja, oyó durante algún tiempo, noche y día, remotamente, cual oyesen también los transeúntes del contorno, los lamentos.

La casa quedó, pues marcada con el estigma del espanto y nadie quería habitarla ni comprarla.

El anciano Vicario Nájera refirió a quien le habría de suceder en la Vicaría, el entonces joven padre Jiménez, esas extrañas peripecias en la muerte de don Antonio de Zubiaur, anticipándole diversas conjeturas acerca del misterio que encerró la vida del hidalgo.

Varios años más tarde tuvo el valor de adquirir la casa don Juan Luis Mac Gregor, y en el minucioso repaso que de ella hizo con su familia y un maestro albañil (la familia por curiosidad y don Juan Luis para ordenar composturas y modificaciones), viose precisado a consentir que se echase abajo la puerta vedada que daba al tercer patio y conducía al sótano que aposentara el calabozo.

Acercáronse, acuciosos todos, a la reja. La esposa de don Juan Luis se desmayó y las hijas desgarraron el eco del sótano con alaridos ante el hallazgo inesperado.

Como en aquel tiempo lo primero que se ocurría para tales casos era dar aviso a la Iglesia, llegó en seguida el padre Jiménez, Vicario ahora en remplazo del padre Nájera, que había muerto.

El Vicario Jiménez, en su grave papel eclesiástico, detúvose pausado a escudriñar tras de la reja del calabozo, y recordando entre sí las pláticas y justas deducciones de su antecesor, dijo sin asombro, cruzando los brazos con la serenidad imperturbable de quien a diario bendice a todos los cristianos:

—El negro Juan. . . Es el negro Juan.

Se trataba, en efecto, del macabro esqueleto del esclavo de don Pedro de Lamadrid y Soberanis y criado de don Antonio de Zubiaur Ximénez de Montalvo. Tenía ambas canillas metidas en los aros de sendos grilletes, cada uno sujeto a una gruesa cadena empotrada en la pared.

Y el Vicario Jiménez remató así el hilván de sus palabras:

—. . .Esto descubre que bajase todos los días a comer y dar de comer al negro, y explica también que los gemidos que se cargaron al alma en pena de don Antonio no eran sino la agonía de Juan, que murió de hambre al pavor de los criados y susto de la gente.

AQUELLA NOCHE...

Cuando de compras recalo de tarde en tarde a la ciudad y sin falta veo tan taciturno al rechoncho Flavio Melgosa, disidente maestro de escuela, dedicado desde joven al comercio, ¿no me pongo a sus órdenes, le ofrezco siempre nuestra casa y le imploro, con la mayor gentileza, que deje su tienda unos días y venga a visitarnos?

Flavio, clavado detrás del mostrador, en trance de reanudar sus infinitas cuentas, responde lo mismo cada vez:

—Si usted sabe lo que pasó *aquella noche,* ¿cómo piensa que piense yo siquiera en poner un pie por esos rumbos?

La respuesta implícitamente califica de malévola mi cortesía. Nunca intentaré desvanecer la probable justicia del epíteto, sobre todo ahora que por mera compulsión de hablar, si bien basado en palabras del propio Flavio y las de testigos, me dispongo a revivir aquella noche, tres décadas atrás en X'pujil, crucero de caminos y brechas de la selva, pasaje de chicleros e indios mayas, punto clave donde a menudo llegaba Flavio a tener unas horas de descanso al par de su caballo de silla y las seis mulas del arria, que cuando mi amigo fue vendedor ambulante transportaban sal, azúcar, pólvora y telas para cambiárselas a los indígenas por marquetas de chicle, con destino a la Wrigley de Chicago, quizás, o el de la Mexican Explotation Company.

Había llovido algo. Calaba el frío de últimos de enero, famoso mes por lo próspero en la etapa que llamábamos aquí *bajada de los chicleros,* quienes generalmente rendían jornada en parajes intermedios como X'pujil, ya sea que comiesen o trataran de dormir en la fonda, que a la vez era posada, donde unos mechones pestíferos, en respectivos candiles de hojalata, despedían, por el grosor de las llamas, sendas columnas de humo negro que tiznaban el techo. Sobre el piso de tierra del galerón, junto a maletas, cajas o mochilas, una treintena de hombres sucios, macilentos, medio torvos, recostados los más en cuadro a las paredes, buena parte con garniles, y enmachetados todos, fumaban o cabeceaban pendientes de las primeras luces de la madrugada. Al centro, sólo algunos en cuclillas jugaban a los naipes. ¿Será bueno anticipar que la generalidad temía verse mezclada en cualquier incidente que retrasara el proseguir la marcha en dirección a las poblaciones donde se les contrató, y cobrar allí algunos miles de pesos, alcanzados por su trabajo en la temporada de ocho meses al año de aislamiento en la selva? ¿Y no recuerdas, Flavio Melgosa, que tú (ostensible pistola en tosco cinto) parecías muy ocupado, lápiz en mano, sacando tus acostumbradas cuentas?

En esto apareció un sujeto alto, flaco, de tinte negruzco, cincuentón e indudablemente chiclero por las trazas. Colgante de los dedos llevaba un cordel con un crudo trozo de carne, y a unos cuantos pasos de la puerta, como al azar, reparó en un hombrazo rubio.

—¡Vaya, güero Marente —depositó en el suelo la carne— mire nomás dónde vengo a tropezármelo después de siglos de andarlo solicitando por todos los rincones de estos montes!

El aludido se irguió con enfática sequedad y acre indolencia:

—Pues aquí me tiene, señor, siempre a su disposición.

Al punto desnudó el primero su machete, mientras el dicho Marente hacía lo propio con el suyo, y se liaron durante mucho rato, ya saltando adelante, ya retrocediendo, hasta que el arma de aquél, acertó de chiripa tan feroz tajo al antebrazo del contrario que casi se lo desprendió.

Sobrevino una tregua en la que, acezando, el ganancioso expulsó de sus labios una torcida risita.

—Ahora sí, muñeconcito, no fue como la vez pasada, ¿eh? —y agregó recomponiendo el gesto: "¡Lástima que haya muerto en tu poder la ingrata que me quitaste!"

Ante su machete a los pies y la hemorragia que a borbotones afluía, el perdedor irrumpió en un gemido que por lo estentóreo se juzgaba más penoso:

—Por favor, señor, acábeme de rematar.

—No te impacientes, hijito —repuso el vejancón—. Ya voy a socorrerte. No más aguántate tantito.

Cuando esto dijo había de rigor enfundado su acero a la vez que alejado con el pie el del rival, y rozaba ya, despacito, la punta de una daguita larga contra una pequeña piedra de amolar.

Con la uña probó, al fin, el filo de la daguita, para de un violento salto hundirla impetuosa en el corazón del herido, quien de costado cayó repentino, cual si un rayo lo fundiera. Inmediatamente se arrojó sobre el cadáver, entre cuyo pecho removió por unos instantes la daguita, que a poco sacó del agujero, donde pegó la boca para beber. A la postre de retorcimientos espasmódicos y el espectáculo de ojos vidriosos, en extravío de satánico goce de poseso, emitió, paladeando la sangre, mientras se incorporaba:

—¡Mírenme bien, pendejos, mírenme! ¡Es dulce!

Ya en pie, previa la providencia de limpiarla y enjuagarse, además, el sudor del rostro mediante una manga de la camisa, guardó su daguita, para luego, a título tácito de trofeos, amén del poco dinero que hubo en los bolsillos de Marente, sustraerle de la cintura la bolina que se ciño inclusa la vaina del machete quitado en lid, y esgrimiendo éste repasó con mirada circular a los presentes, que a todo esto permanecieron silenciosos, inmóviles, en neutra impavidez.

De pronto se dirige a ti, Flavio.

—¿Qué me ve? —te increpa.

Recoge del suelo la carne atada en el cordel, sin despegarse la vista de encima, y se acerca:

—¡Venga, levántese! ¡Cargue al muerto!

Tú piensas en tu pistola pendiente del correaje, pero él, que también piensa en ella, te tiene ganada la mano con el acero listo. Y obedecerás, pues, levantándote y siguiéndolo. Te asiste a poner el abultado peso del difunto en tus espaldas y a que lo sujetes con los brazos.

—¡Vamos! ¡Camine, camine, camine!

Tambaleante por la carga excesiva, te vieron partir de la intensa luz del recinto hacia la oscuridad. Allí —¿cuantas horas?— zigzagueando ibas a tientas bajo los árboles, sin sentir las frenéticas picaduras de las turbas de mosquitos, ni el temor a las serpientes, ni al encuentro con el puma o el jaguar, ni el golpeo de la lluvia que arreció entre truenos y relampagos, ni la pesantez de las piernas al cruzar un pantano, ni los húmedos olores de la hojarasca resbalosa, ni los murmullos, los jadeos, aleteos y silbidos. Solamente —¿verdad?— oirías, tenso, las isócronas pisadas del que detrás —con el machete al aire—te sigue muy de cerca e incesante cuchichea: "camine, camine, camine. . ." hasta prorrumpir:

—¡Suéltelo!

Flavio descarga el bulto, vuelve la cara, ¡Nadie! Rebusca y, atónito, se halla solo, temblando, entre las tinieblas de la selva.

Entonces, vacío, vacío de la cabeza, con un sollozo atorado en la garganta, se arrodilló por piedad de su alma y de la del difunto, a quien sería pecado no rezarle dentro de tanta oscuridad. Desanudó el sollozo, y sin venirle a la memoria otra plegaria oró, tartamudeante, la siguiente:

Pa. . , pa. . . dre nues. . . tro
que. . . que. . . estás en. . . los cie. . . los
san. . . ti. . . ficado se. . . sea
tu nom. . . bre. . .
ten pie. . . dad de él

Ay, Dios, sin tu intervención —pienso igual que antes—, creo que nunca pueda yo, frente a la pena de ver clavada la rechoncha figura de Flavio, detrás del mostrador, sacando siempre sus cuentas, desarraigar de mí las fórmulas de cortesía.

Y digo:

—Cierra tu tienda y vente con tu mujer a pasar una semana con nosotros ¡Nos darás un gran gusto!

Tales formalidades me infunden cada vez, al mismo tiempo de repetirlas, un silencioso murmullo de otra conseja oída sobre el caso de aquella noche; murmullo dentro de mi mente que con sus revuelos trae una distinta manera de acabar esta historia: "Giras, giras, giras. . . —revolotea el murmullo— y de retorno al propio sitio topas con el corpulento estorbo de carne, ya frío, duro y mudo, que apenas llegue a calentar el sol de mediodía se hará suave y corrupto; pero de momento es una piedra más de las que tienen por final dosel de reposo el túnel del arbolado, hasta donde ahora penetra un rugido distante, aunque más próximo y continuo por segundos. ¡Qué aciaga situación! Del traspiés hubo de caer el buhonero (*tú*) a ras del muerto, y dentro del ciego ámbito, con la inminente repulsión al hedor agrio de la sangre y el exacerbamiento por sentir su viscosidad, coagulada en las manos, en la cara, en los brazos, los hombros, en la espalda, se te desanudó un nuevo sollozo atorado en la garganta, y así pudiste a toda prisa empuñar la pistola, en la esperanza obvia de que aquí, frente a esta suerte de remota bestia, indudablemente habría de servirte. ¡Y te sirvió! Gracias a ello, al amanecer, dos indios cazadores te hallaron junto al cadáver humano (lastre molesto, perjudicial de conducir, feo y pronto pestilente), a unos pasos del espléndido, del preciosísimo, de un jaguar, que era un tesoro, y tuvo que cedérselos el comerciante *(tú)*, a cambio de que hiciesen una angarilla y te ayudasen a retornar a X'pujil el cuerpo de Marente, pues entonces debías volver allí —donde ando yo viviendo ahora— por tus seis mulas de carga, tu caballo de silla y empacadas mercancías".

DON JULIÁN

Sᴇɴᴛᴀᴅᴏ a su escritorio de Juez de lo Penal, el señor Cubielles sostenía la bocina del teléfono. Se acercó la secretaria con varios legajos de sentencias. El Juez tomó de un tintero figurado en plástico negro su largo bolígrafo e hizo seña de que le fuesen pasando uno por uno los legajos para firmar al pie de cada fallo, mientras sus respuestas completaban la significación del diálogo que acababa de iniciar su esposa.

—. . . . .

—¿Murió don Julián? ¿Esta mañana? ¡Qué pena! ¡Qué barbaridad, María Elena!

—. . . . .

—Sí, claro, ¡imagínate! La viuda. . . sus hijos. . . las hijas. . . ¡Inconsolables! Me lo figuro.

—. . . . .

—¡Pobre don Julián! ¡Bueno. . . Sí. . . sí. Pero si no hubo tiempo a que le hicieran la operación, eso se salió ganando.

—. . . . .

—¿Desalmado, yo? ¿Yo? ¿Por qué? Pienso nada más, en primer lugar, conforme a las leyes del destino, que nadie se salva de la raya, y en segundo, que si no se le operó, el dineral que habría costado aquello le quedó a la familia, y en tal caso el único que salió perdiendo fue el médico.

—. . . . .

—No, muñequita, no. Yo te digo todo esto, inclinado

a favorecer los intereses de los herederos en mi deseo ante lo irremediable, de que se beneficien al menos los deudos de un amigo, para que les sirva de consuelo.

El Juez Cubielles puso su firma en la siguiente sentencia y asentando los dos brazos encima del escritorio, en repaso de su memoria, pareció alarmarse:

—¿Una corona? ¡No! Bueno. . . sí. Se mandará. Y a propósito, María Elena, linda. . . dime, dime, ¿quién es. . . fue. . . o era, mejor dicho, don Julián?

....

—¡Qué. . . qué! ¿El portero?

....

—¡Ah, era joven! Pues no había reparado en su persona.

....

—No, no lo había notado, ¡cómo quieres que me diese cuenta!

....

—¿Que yo. . . un idiota. . . y que te tomo el pelo? De veras no puedo recordar quién sería ese Julián. . . bueno, don Julián. . . ¡Oye, muñequita, muñequita, oye, oye. . .!

El respetable licenciado Cubielles permaneció unos instantes con la bocina en la mano, como estupefacto. Se deducía que su esposa cortó de golpe la comunicación. La secretaria, que abandonaba el despacho en aquel momento, estuvo a punto de ahogarse por reprimir un acceso de risa. Nadie pudo saber nunca si el Juez era tonto, cínico, humorista; las tres cosas, o ninguna de ellas.

¡QUIÉN SABE!

DECIR "ahí viene don Julio Reyes", aparecer —entre lo blanco de la ropa de manta y la sombra del ancho sombrero— un rostro renegrido con canoso bigote, volver las cabezas para eludir el compromiso del saludo, cruzar en su tordillo y seguirse de largo la rechoncha figura del jinete, camino de su casa, era todo uno.

Quedaba luego la gente grande mirándole las gruesas espaldas. Por la carga de comentarios que a éstas encimaban, aprendíamos algo los chamacos

—Es culpable de la muerte de su hijo Adrián.

—Sí, pues por causa suya se fue al monte a unir con los bandidos.

—¿Donde lo mataron?

—Después del incesto se fue a vivir al Ticuí, la tierra de sus padres.

—Ah, sí, ya ve, después que perdonó el gobierno a todos los alzados.

—De nada le sirvió el indulto.

—Tenía muchos contrarios.

—Así es: lo espiaron y lo cazaron.

—¿Es verdad eso de que cuando trajeron el cadáver no lo quiso don Julio recibir?

—Como suena ¡Y eso se paga! Yo fui uno de los que se acercaron a preguntarle si lo bajábamos para velarlo en su casa, ¿cierto, Carmelo?

—Muy cierto. . .

—¿Qué nos contestó?

—Dijo que en su casa no lo velaban.

—Que no lo quería ver ni después de muerto.

—Que ningún cristiano tenía derecho a matar. . .

—Y menos a juzgar —dijo— los actos de su padre.

—Por tal motivo no vio el cuerpo de su hijo Adrián.

—No quiso ver al difunto ni ocuparse de su entierro.

Por lo escuchado, los chamacos de entonces tampoco ignorábamos que don Julio era persona prudente, seria, y conocíamos a doña Nicha, su mujer, una señora chaparra, gorda, muy morena y *buchona,* es decir, que padecía en grado excesivo esa enfermedad que llaman bocio.

El matrimonio tuvo siete hijos: Anselma —la mayor—, Isabel, Adrián, José María, Joaquín, Josecito y Eliseo que iba conmigo a la escuela. Poseía don Julio un rancho con potrero, cañaveral y plantíos de coco en producción. De un retazo acá y otro más allá supe también que don Julio no acostumbraba el aguardiente, tampoco gustaba de parrandas ni echarse queridas. "En esto sí, hombre cabal" —decían las mujeres—"porque de su casa al trabajo y del trabajo a su casa".

Pronto me arrancaron de aquel rústico lugar de Costagrande, pero al mes volvimos y ahora siento que no debí adelantar la sucesión de los hechos sino retroceder y advertir que vivíamos en la misma calle de la familia de don Julio y que *Lío,* la sirvienta de su casa, llegaba muchas veces a la nuestra con los hilos que irían enredando la historia, desde la hora en que doña Nicha y don Julio acordaron que Anselma, la hija mayor, jovencita de dieciséis años, fuese al rancho para los quehaceres. Pasó allí algún tiempo. A mediados de marzo doña Nicha mandó un mozo con el recado de que la *niña* volviese al pueblo, pues se le había nombrado madrina para la próxima festividad de San José. Don Julio se vio forzado a consentir y enviar a su hija. Pero cuando ésta cargaba las andas —en la procesión— le dio un vértigo, viniéronle bascas y se frustraron las preciadas satisfacciones de madrina.

—¿Qué mal habrás pescado en el rancho? Ya que las medicinas no te hacen nada, tendremos que ir por un brujo para que él diga si los duendes te jugaron —propuso la mamá.

Se procedió así.

—En realidad está jugada la niña —dijo el brujo—. Hay que hacerle todos los remedios para impedir que la sigan jugando.

Mientras tanto, a medida que avanzaban las curaciones el vientre le crecía, y la criada —Lío— que iba diariamente a la plaza por el agua y todos los mandados, sustentaba con la población diálogos:

—¿Dices que la muchacha mayor de doña Nicha está jugada?

—Yo no, señá Candi. Lo ha dicho el brujo.

—¿Qué brujo? —preguntó Etelvina Gómez.

—Chencho Lobato, el de Los Arenales.

—Muy bueno es. No falla, aunque ya está casi ciego.

—¡Mejor que mejor! Así las partes de la mujer no sirven de recreo y tentaciones a la vista.

—¡Asegún! Eso de no ver tiene sus asegunes: hay más tentaleo.

—Yo no conoceré mucho de brujería, pero a mi no me hacen tonta: lo que importa saber es el pronóstico de Chencho —apremió Camila Selem, nieta de libanés.

—El brujo —responde Lío— ha dicho que el duende

mayor la jugó, pero lo raro es que tiene muy grande la barriga.

—Estará empachada esa muchacha. ¿Por qué no buscarán doña Nicha y don Julio a otros curanderos?

—Lo malo es que ahora la niña ni se mueve.

—¿Cómo?

—Sí. Ya tiene la barriga igual que una tambora.

—¿Tanto así?

—Tanto que ya mandó el brujo que no se levante, pues parece que el maleficio es una potranca.

—¡Santo Dios!

—Hay que retirar a los espíritus malignos, porque a la mera hora el animal va a salir brincando. . .

—¡Válganos el cielo!

—Y habrá que matarlo.

La gente imagina ver que la potranca sale saltando, relinchando, y alarmada se santigua.

—¡Líbrenos el gran poder de Dios!

—A las doce de la noche dijo el brujo que debemos estar listos con palos, con machetes, con incienso, para retirar los males.

—¡Virgen del Socorro!

En realidad esa noche arreciaron los dolores de Anselma y exclamaba doña Nicha:

—Hija de mi corazón, tantos meses que pasaste sola en el rancho. Si hubiera sabido que te iban a jugar los duendes no te hubiera mandado. ¡Señor Todopoderoso, ten piedad de nosotros! ¡Señora del Refugio, Virgen de la Soledad, Madre Dolorosa, cúrenmela!

Los gemidos fueron todavía más fuertes. Al amanecer, el brujo decidió irse para rezar a las doce del día una oración en la punta del cerro. Dejó rigurosamente dispuesto que las puertas siguiesen vigiladas y no se ausentase nadie, porque el animal podría salir de un momento a otro.

En efecto, durante la mañana cesó el suplicio. Bajó el vientre de Anselma, pues conforme a lo esperado por quienes no fueran Nicha y sus cercanas amistades presentes en esa hora, nació un niño, un varoncito.

Al cabo de los trajines del imprevisto alumbramiento volvió el brujo, y, enterado de lo sucedido, expuso tranquila, beatíficamente, que gracias a sus oraciones los espíritus benignos operaron la mutación de potranca monstruosa en criatura humana. . .

Defraudada la concurrencia, estalló en colérica protesta:

—¡Fuera ese brujo!

—¡Mátenlo!

Entre los empellones de una mano a otra el brujo botó hasta la puerta, como un pelele.

—¡Fuera!

—¡Fuera!

—¡Fuera!

La pobre doña Nicha, sin dónde ocultar su cara llena de vergüenza, mandó a un mozo al rancho en busca de don Julio, que traspuso las orillas del pueblo con las primeras veladuras de la noche hacia su casa, mientras los ojos de la gente seguían por las calles el uniforme trote del caballo.

—¡Ahí va don Julio!

—¡Va a matar a doña Nicha!

—¡Y a su hija, pues no ha de permitir que se haya resbalado!

—¡Ni la burla perdonó Anselma!

—¡Calladita!

—¡Cabrona! ¡Tanta mojiganga de brujería pa'taparle el ojo al macho!

—¿Será del mozo el crío?

—¿Habrá sido capaz de abrirse de piernas para el mozo?

—¿Cuál mozo?

—Cualquiera. Si la preñó, seguro que también lo mata don Julio.

Expectante, la mal disimulada curiosidad rodeó la casa, parte de adobe y parte de muros de otate con techos de palapa.

Toda ella permaneció muerta. No prendieron luz y el silencio y la oscuridad prestaban mayor estímulo al acecho, hasta que cansados los espectadores abdicaron encubriendo su frustración con sentencias morales:

—Gracias a Dios que ahí paró el escándalo.

—Seguramente se conformó con el nieto.

—Menos mal que no hubo desgracias.

¿Pero quién podría pensar que de madrugada sacase don Julio al niño y desde su caballo a galope lo soltara de lo alto de una barranca? Como siempre, tratándose de semejantes casos, hubo un ojo anónimo que vio cruzar el negro perfil a rienda suelta, tal una exhalación, y muchos que amaneciendo le miraron volver al paso del tordillo.

Transcurrido un año en que don Julio se hizo tanto más silencioso y reposado cuanto que doña Nicha más buchona y taciturna, repitieron las murmuraciones con noticias nuevas:

—Don Julio se llevó al rancho a Chabela, su otra hija —sopló doña Consuelo a don Prudencio, mientras le despachaba éste la carne.

—¡Uujú! —gruñó el carnicero, como si ya hubiese oído eso de sobra.

—Se la van a jugar también los duendes —acotó, burlona, una de las placeras a su marchante doña Tencha.

Meses después Chabela regresó del rancho, y como no se asomaba ni a los postigos de su casa preguntaron a la criada:

—¿Qué pasa con Chabela que no sale?

—Parece que lleva el mismo camino de la otra: le crece la panza.

Formaron ronda en pajarero abanico de resoplo y picoteo.

—Mañana madrugas, Lío, porque don Julio se va muy temprano al rancho —dijo doña Nicha una de tantas noches.

Con esta pendiente preocupación tendió Lío su petate al ras del suelo de la oscura cocina, que unas tablas separaban del pesebre de los caballos, a cuyo compartimiento seguían un gallinero y el chiquero de cerdos. Pronto se durmió junto a la ceniza con mortecinos tizones de leña dispersos al centro de las tres piedras del fogón, y se anticipó demasiado en despertar, estirándose. Juntó las brasas que sopla entre agrios bostezos, atizó la lumbre y asienta sobre las piedras una olla de agua para el café. Columbró el metate y el bote de nixtamal que debía moler, convertir en masa y luego en rimero de tortillas suficientes al desayuno y suministro del bastimento. Hasta entonces percibió que había despertado a deshora, en la madrugada grande, cuando aún los gallos no cantaban, y pensó "como es noche todavía me alcanzo a echar otro sueñito". No le dio tiempo, pues al instante sintió que don Julio se levantaba; que andaba ensillando las cabalgaduras; que a pisadas quedas llegó su hija Chabelita y cuchicheaban:

—Papá, ya la barriga se me ve mucho. ¿Cuando nazca el niño lo matarás como al de Anselma?

—Claro. No debemos esperar que por el parecido se descubra.

Lío comenzó a escurrirse hasta pegar el oído a las tablas.

—Mi mamá sufrirá otra vergüenza. ¿Se lo dices tú ahora o se lo digo yo?

—Para que no se dé cuenta la pobre nos regresamos tú y yo al rancho dentro de un momento.

—¿Allá nacerá el niño?

—Sí.

—¡Ay, papá! ¡Ojalá naciera muerto!

—Pídeselo a Dios. ¡Dios lo haga!

—Dicen que cuando se casan dos primos sus niños nacen con cola. . .

Don Julio exhaló un gemido y a pausas desató su llanto preso en la garganta.

—¡Ay, papá, ay, papá! ¿El nuestro tendrá cuernos?

—Nadie lo sabrá —y agregó el padre con voz más grave y débil—: Dices tú que anda ya la gente en chismes. . . pues nos vamos al rancho y no vuelves hasta que se te baje la barriga. . .

—Y el parto. . . ¿tú mismo papá?

—Cuando naciste, tu madre no tuvo partera. Estas manos te cortaron el ombligo. Ve a vestirte y preparar unas mudas de ropa. En cuanto despierte la criada y nos haga el bastimento nos vamos.

Rozaron el silencio los furtivos pasos de Chabelita en retirada.

El oír que la mencionaron hizo que Lío se apresurase a lavar el nixtamal y molerlo. Al ruido acudió don Julio, y entre temeroso, molesto y sorprendido se quedó mudo en el umbral de la cocina, mirando hacia ia lumbre, hacia la olla de càfé humeante y hacia el vaivén de las espaldas y los brazos de la mujer que molía y molía sin volverse, muy a punto de salírsele por la boca el corazón al tintinear de las espuelas del hombre, que a distancia se detuvo.

—¿Desde qué hora te levantaste?

—Estoy domida —replicó Lío, bamboleante, inconsciente casi, del terror.

—¿En qué tiempo prendiste lumbre, hiciste el café, te pusiste a moler?

—¿No le digo que estoy soñando?

—Óyeme, Lío, quiero que me contestes con la verdad: ¿a qué hora te levantaste?

—En la madrugada grande.

—Pero si a esa hora me levanté yo y no vi aquí señales de vida.

Don Julio no puede impedir su palidez, el raro temblor de su extraña inquietud ni tampoco se le ocurre cómo empezar para saber si la criada escuchó la conversación.

—¡Pronto, pronto! —grita en el ruido de sus espuelas al acercarse— ¡Danos el bastimento, que voy a salir con Chabelita!

La criada retrocede y empuña el brazo del metate, agitándolo ante la cabeza de don Julio que ya se halla enfrente.

—¡Incestero! Por eso me quieres matar. Después que preñas a tus hijas y matas a las inocentes criaturas. ¡Se lo diré a todo el mundo! —esquiva Lío al adversario y sin soltar el brazo del metate sale corriendo y vociferando: "¡Incestero!" "¡Incestero!"

Todo esto, que ocurrió en la madrugada grande se prolongó hasta la madrugada chica, en que la criada seguía su delación y los denuestos entre un doble círculo de concurrentes al mercado, que por cierto estaba muy cerca de la casa de don Julio, quien se sometió a varios meses de encierro, esperando que la gente apaciguase su indignación y llegara el olvido del escándalo. Sus hijos, que durmieron hasta que calentó el sol de la mañana, ignoraron entonces el penoso trance. Luego, previsores, los indulgentes vecinos convinieron en recomendar a todo el pueblo:

—No hay que decir nada delante de sus niños. . . ¿Qué culpa tienen ellos? Los mayores son todavía mancebitos.

Pero, en un dos por tres crecen los muchachos. Adrián empezó a ir a los bailes. En uno de éstos, por disputas propias de amores primerizos, no faltó un rival que le enrostrara el caso ni quien a la buena le confirmase la verdad. Observó impenetrable mutismo hacia su padre, su madre, sus hermanas, y desapego a sus hermanos que desconocían el secreto. Adquirió un rifle y todas las mañanas lo limpiaba. Don Julio anunció una víspera su retorno al rancho. Adrián decidió lavar en esta ocasión la mancha de su familia y se anticipó para ganar a su padre la delantera. Escondido en un matorral esperó. Cuando se acercaba le apuntó. Vio que llevaba sentado tras la manzana de la silla del caballo a Josecito el penúltimo hijo, y Adrián saltó del matorral sin disparar.

—Padre —le dijo—, vine a tu encuentro para matarte: pero se me doblan las corvas y no puedo. Por eso te pido perdón. Sigue tu camino con la ayuda de Dios, que yo mejor me voy al monte con los alzados.

Josecito a su vez creció, supo el secreto, y cuando mataron a su hermano Adrián y escuchó la negativa del padre a velarlo en su casa enmudeció también.

Así que cumplió quince años se armó, como lo hizo Adrián. Espió tras el mismo matorral a su padre, que ahora llevaba en ancas del tordillo a Eliseo el último hijo.

Y saltó al camino:

—Aunque vengas con mi hermano, a mí no se me doblan las piernas —exclamó, disparando la carga de su rifle.

De momento no comprendió Eliseo la causa del crimen y redujo su declaración al testimonio de lo que oyó y había presenciado.

Frente al cadáver de su marido perdió el conocimiento doña Nicha, y ocho días después de haberlo a él sepultado la enterraron. Murió ella con el secreto de si aprobaría o no los actos fatales de su esposo. Carezco de indicios acerca de reproches o siquiera comentarios suyos al respecto, aunque sí puedo referir los que al azar escuché de unas parientas:

—¿Aprobaría doña Nicha que don Julio desflorase a sus hijas?

—Éstas también tendrían la culpa.

—¡Cuánto miedo no les impondría ese monstruo de señor!

—¿No las obligaría como padre?

—Me figuro que lo aceptaban con placer... ya que... tanto, tanto como obligarlas... Tú, como mujer, ¿qué piensas?

—Pues... ¡quién sabe!

ORONDO Y OPACA

(Dos risas)

I

Mañana tras mañana, invariable, a las 7 menos cuarto debe salir don Indalecio Timoteo de su casa. De sweater, pantalón corto y cargando sus bártulos atravesar el jardín, subir al auto, y, a las 7 en punto iniciar el sudor sobre un campo, al juego de golf con los amigos.

Los raros días que por cualquier circunstancia se retrasa —y peor aún cuando se duerme— le preocupan, más allá que de costumbre, sus negocios; es presa de terror secreto a perder su fábrica; tórnase humilde hacia sus servidores; piensa hasta lo extraordinario en la Divina Providencia, no le bastan mil arrepentimientos por "haber tentado al Señor Omnipotente, de cuya Sabiduría y Misericordia recibió cuanto es y cuanto vale"; abomina horrorizado de la pereza, el mayor de los pecados; despójase del saco, y en mangas de camisa inmiscúyese en el trabajo de los obreros preguntando con afabilidad y mansedumbre; recuerda sin cesar los relatos que ha leído de cárceles, pobres, manicomios y hospitales; anda descorazonado, manda detener su auto en cada esquina y ordena que baje su chofer y dé limosna a los mendigos. Necesita sudar. . . Son los peores días para los obreros de su fábrica.

Don Indalecio Timoteo es industrial y la física descripción de su persona cabe dentro de un adjetivo solamente: "Orondo". Analizado desde el punto de vista societario es, a más, cosa mayor... quizá una palabrota. Por esto (y que él dispense), en adelante lo llamaré sin distingos Timoteo o Indalecio.

Hace 25 años se casó, llevando al altar a una señorita fea y paliducha, algo encorvada, que podría guardarse bajo este calificativo, también de tres sílabas: "Opaca". Con tan ceñudo alias, la joven trajo al Sacramento su bonito capital que ofrecer a Timoteo, quien, delicado, lo rechazó de ella, aconsejándole lo invirtiese a sociedad en el negocio de los hermanos de la propia esposa. Tiempo después, Indalecio facilitó un préstamo a esa negociación y, por otra parte, compró la mayoría de las acciones de una empresa rival, a la que, como socio, incuestionablemente decidió prestar todo su apoyo en favorable competencia. Pronto, la empresa a que estaba asociada su esposa vino a menos; Indalecio exigió su dinero, no le pudieron pagar, se incautó el negocio, lo liquidó, dobló su capital y arruinó a sus cuñados.

Desde entonces, la esposa le negó la palabra en la intimidad, adoptando la testaruda regla de oponerse a cuanto, en lo doméstico, el marido resolviera. Pero, entre tanto, le había nacido una niña al matrimonio.

La señora se hizo pañosa, verde, apergaminada, y con las canas su irritabilidad progresaba, haciendo recaer el peso cruel de su furor sobre su niña y las sirvientas.

Timoteo, al contrario, centró el fuego de su organismo sanguíneo y saludable en el amor por su retoño, que crecía y espesábase a los mimos, paternos, de hija única.

II

Con motivo de la huelga, los obreros de la fábrica proyectaron una manifestación. Al anuncio del acto, Indalecio movió sus influencias para impedirlo, y las autoridades negaron a los trabajadores el permiso. Por sobre todo, éstos determinaron realizar la demostración. Advertido a tiempo y sabido el acuerdo de pasar frente a su residencia, Timoteo aprovechó la propicia oportunidad de legalizar lo que él venía buscándose interiormente bajo significado de necesidad para aplastar la huelga: "un escarmiento". Mediante breve conversación telefónica entre Timoteo y el Inspector de Policía (un general grueso), precisáronse los detalles del plan. Los huelguistas llegaban en son de protesta cuando el piquete de gendarmes y agentes secretos cargó a golpes y tiros contra los manifestantes.

Aquel día era de los raros en que Timoteo se levantó tarde y, por lo mismo, anduvo descorazonado, preguntaba con suma amabilidad y mansedumbre, pensando extraordinariamente en la Divina Providencia, las cárceles, los hospitales y los pobres.

Bueno es contarlo. Durante el mes que tardó el movimiento, la esposa le devolvió a Timoteo, sólo durante aquellos aciagos días, el trato de palabra.

Para corresponder a tan señalado servicio, además de la recompensa monetaria, Indalecio invitó a su casa al jefe de Policía y lo obsequió con una cena.

De allí concordaron en simpatía el general y la hija de Indalecio.

No hay para qué pintar el regocijo del padre, cuando por las asiduas visitas, las mutuas atenciones y la felicidad progresiva retratada en el rostro de su hija, comprendió el noviazgo.

Una noche el general pidió a la muchacha.

—¡Si han nacido la una para el otro! —repetíase Indalecio, contemplando rollizo, a la pareja.

La madre fue la única persona que se opuso, rencorosa, al casamiento y en tal forma, que el día de la boda no asistió, porque la amarga mujer, de quien nadie recordaba hubiese guardado cama nunca, hallábase desde hacía tres días, y estuvo quince más, enferma desesperadamente de la cólera.

La familia, las amistades, los sirvientes y hasta los animales, miraban a Indalecio, orondo, sonriente, y no podían menos de exclamar:

—¡Qué bueno!

Miraban a su mujer y pensaban:

—¡Un demonio!

Miraban a los dos juntos y decían todos, de Indalecio:

—Un mártir.

E Indalecio, que lo comprendía, deleitábase en lo más profundo de su ser, volviéndose cada vez más rozagante y viendo a su consorte que rabiaba y se ponía —por idénticas razones— cada vez más verde y seca.

III

Indalecio (Caballero de Colón) fue nombrado Consejero de cierto Banco Nacional (de capital francés), cargo en el que obtuvo descollar sesuda y seriamente. El Banco lo designó Delegado a un Congreso Bancario que debía celebrarse en París. Con su misión del Banco, Indalecio fue portador —además de las recomendaciones del Arzobispo—, de Credenciales del Ateneo de Ciencias y Artes, de la Alianza y la Cámara de Comercio Francesas, de la Sociedad de Economistas, etcétera, para las diferentes organizaciones económicas, piadosas y científicas de Europa.

Timoteo partió, despedido por sus numerosos amigos industriales y por el Presidente del Banco, quien ordenó congregar todo el personal en la estación.

Periódicos y revistas, sin distinción de colores o credo capitalista, llenaron sus páginas con fotografías, editoriales y reportazgos alusivos.

En gruesos encabezados las primeras planas publicaron, semanas después, los éxitos de Timoteo y del Congreso. Un domingo apareció este comentario en marco tipográfico.

ALTA MUESTRA DE ERUDICION

DE DON INDALECIO TIMOTEO,

DELEGADO AL CONGRESO

DE BANQUEROS

París, enero. . .x.— Como nota curiosa mencionamos el hecho de que don Indalecio Timoteo, acreditado en el Congreso Bancario que se está efectuando aquí, al pronunciar un discurso de 5 minutos, empleó citas de la Biblia (4 veces), de Goethe, de Dante (3 veces), de Séneca, de Alejandro Magno, de Campanella, de Chateaubriand, de Thomas More, de Bacon, de Aníbal, de William James, de Bolívar, de Homero, de Pascal y de Feijóo.

Por fin la plata subió. . . el oro bajó. . . y entre otras noticias de menor cuantía acerca de los triunfos de Timoteo, se dijo ". . .el laborioso industrial, que de manera tan brillante prestigia a nuestra patria en el extranjero, ha sido honrado con la Cruz de la Legión de Honor, en Francia".

Entre el desarreglo propio de los viajes, púsosele clavado el recuerdo de su esposa. Veíala cual era, ordenada en extremo, yendo desde que amanecía hasta la medianoche de aquí para allá y de allí para acá sin descansar, mientras azuzaba con represiones a las criadas. Prometíase que a su regreso, no sólo sería prudente y sumiso para ella, sino que la colmaría de cuantas amorosas pruebas era capaz él con su humanidad fogosa y desbordante. Añoraba su primer mes de casamiento y persuadíase de que "por costumbre o como fuese, la quería". "¡La pobre! Tan abnegada. . . se negó rotundamente a acompañarlo. . . ¿Tenía él la culpa?"

Con tantos sentimientos en el cerebro y pensamientos en el corazón, le escribía largo y diario, aunque siempre sin respuesta.

Interin, aquí, la ausencia sirvió para que la hija, hostigada por la acritud insufrible de la madre, dejara de visitarla en absoluto.

Las cartas halagüeñas, los elogios, el viaje, los éxitos del marido, acrecentaron a tal grado la exasperación y el odio en la señora, que de nada le valieron los devotos recursos religiosos, ni las reflexiones en momentos de serenidad, con sus ejemplos de Vírgenes, de Santas, y sus propósitos estoicos de armonía conyugal en beatitud cristiana y resignada.

Una noche llegó un cable a la casa, y el siguiente día la prensa entera comentó el próximo arribo de la patria delegación al Congreso Bancario de París.

Otra noche se llena la casa. Al rato, cruzan las salas resplandecientes de iluminaciones y de flores, las personas que asistieron al recibimiento, y poco después, se sientan a la mesa dispuesta, para dar con un banquete familiar la bienvenida a Timoteo, el cual desde la travesía vino imaginando el agasajo tal y como se desarrollaba, y traía, para caso de discursos, redondamente meditado el primero, el suyo, que nada más indicado prologar con un saludo jaculatorio, inspirado en las nostalgias del austero templo de la Moralidad —su hogar— y de la sagrada patrona del templo: Su mujer. En efecto, al aperitivo, truena una salva de aplausos.

Entre el idílico arrobamiento de hija y yerno, Timoteo, más orondo que nunca, se alza de su silla, luciendo en la solàpa del frac la Cruz de la Legión de Honor.

Instantáneamente, la opaca esposa cayó muerta de un ataque al corazón. Comprendo que la mayoría entendió ya, en sus dimensiones exactas, "el porqué". Mas es necesario que nadie quede sin saberlo: ella lo había leído, desorbitada de sorpresa y repletas de veneno las entrañas; de sobra se las martirizaron recuerdos y felicitaciones por lo de la condecoración a su marido. . . pero nada como el horror de verlo con sus ojos. Esa opaca persona era la única en el mundo que de verdad conocía a Timoteo.

Bien que, lejos de cualquier juicio erróneo, herirlo ni con la duda de si merece o no su galardón. Al revés, le cae de lo mejor y se lo ha ganado por méritos iguales a los de todos los favorecidos del estímulo.

Los brazos cruzados y la gran cabeza inmóvil sobre el pecho, Indalecio Timoteo lloró, no cesó de llorar, creo aún llora suave, gimiendo inconsolable y hondamente.

Pero. . . "¿por qué lloras Timoteo?" —me preguntaba yo entre mí, que, como testigo presencial del suceso, atareado iba de un lado a otro obedeciendo.

Admiré la opulencia, contemplé la espaciosa mansión y a la vista de un cuchillo, al observar la pistola del general, me hablaba, me soplaba las manos, punzándome como espinas el instinto. . . Yo tengo a mi compañera siempre enferma de fiebre y a un niño con escrófulas. Dicen los doctores de la Beneficiencia que es a falta de aire puro y por escasez alimenticia.

A mí, que soy superviviente de la huelga y, cuando la manifestación, acerté a librarme de las heridas y la cárcel; para mí, un obrero de la fábrica, traído de allí hoy para servir la mesa del banquete, es un gran consuelo que tan desagradable cuan imprevista defunción sea motivo de obviarme las indecibles molestias de atender a tantos cubiertos. . .

Y a las 2 de la madrugada todavía, bajo el escalofrío de la hora oscura, ya solo a pie, camino de mi casa, llevo risa.

¿Serán los efectos del "champán", que (gracias al desbarajuste consiguiente del percance) pude probar por vez primera —escondido en la cocina—, brindando "¡a salud del acontecimiento!" con las criadas?

A fondo, ¿quién sabe si Timoteo me habrá visto? Yo sé que llorando nos espiaba y, también en el fondo, se reía.

EL CASTILLO

En el verano de 999, próxima la entrada espectacular del siglo XI, habito un castillo gótico, erecto raramente sobre Noh'Sayab, paraje de Los Chenes, selvas que constituyen un pequeño reino maya rodeado de lagunetas y de cedros, caobos, zapotes, tintales y faisanes con música eterna de sapos, murciélagos, pumas y culebras. ¿Por qué transcurre la fecha sin recordar nadie que al amanecer cumpliré quince años? Vestido de magentas paños a la moda, puñal a la cintura y pelo cortado en cuadro, estoy harto febril, pues muertos el monarca —mi padre— y la reina —mi madre— aguardo el gran minuto cercano de mi coronación. ¡Qué zozobra, qué miedo a las intrigas en mi contra!

Quiero merecer los títulos de santo y de rey bueno. Mas no ignorando que mis parientes se confabulan para convertirme en su juguete vil o asesinarme, ¿no es justo el dilema que me asedia: espera pasiva del desarrollo de los acontecimientos o temeraria impulsión al degüello de la corte? La finalidad palaciega es criminal: sangrar al pueblo. Son caballeros muy poderosos, y yo me siento solo, sin aliados en el reino.

Ante las graves preocupaciones del dilema, lejos de los juglares mercachifles, día y noche, noche y día he venido midiendo a monótono paso en estas vísperas la imponente largura del salón de ceremonias, donde bajo su dosel yacen vacíos los tronos de los reyes. En uno de tantos paseos, al caer la tarde vi cruzar a una doncella de cristal, de quien ya estaba enamorado. Era lúcida, esbelta, morena, de larga trenza tupida y blanco hipil.

—Tú eres el único ser en quien confió —le dije al tomarla de las manos y subir juntos a una alcoba secreta que había en una de las torres del castillo. Nos besamos y furtiva salió desvaneciéndose con la ceniza cada vez más espesa del crepúsculo, mientras yo, al acecho tenaz de una definitiva resolución antes de amanecer, recuerdo perfectamente que ví cerrarse las tinieblas y pasé aquellas horas calinas pegado a la ventana mayor del aposento.

¡Qué ir y venir de transeúntes! A distancia lejana se columbraba una taberna de la que salían constantes clamores de borrachos. De pronto arrojaron de allí a un indio. Sobre su cuerpo pasó un globero pregonando un racimo de cabezas de turistas yanquis, como cocos vanos teñidos de colorete relumbroso y tufo a jamones de Westfalia.

En repentino soplo penetró la claridad; me sorprendieron los gorjeos de los pájaros, y yo, igual a Hamlet, no había llegado a ninguna decisión. Furioso bajé a desayunar. Despuntaba el sol. En uno de los pasillos, dos de mis tías agrandaban sus figuras al acercarse. Eran viejas gordas, rubiancas que con las cabezas ladeadas sonreían de manera hipócrita. Y en su melosa voz, de ternura falsa, chocante, saludaron:

—Endendemos que el Príncipe paso la noche en la torre.

Monté en cólera.

—Y a ustedes qué tiznados les importa, viejas, ¡jijas de su rechinela máquina!

¿En realidad serían mis tías, hermanas de mi tío, el

Jefe Político, quienes luego aporreaban la puerta gritándome. "¡Arriba, muchacho! ¡Ya es tarde! ¡Levántate!"?

Volvieron las sombras.

Me vi saltar en vuelo de mi hamaca y meterme al baño para desahogo de mis imperativas necesidades matutinas —vientre y vejiga— de costumbre.

Salgo, y en la penumbra tropiezo de pronto con la cama de mi tía menos vieja, veinte años mayor que yo. No sé cómo hube de hallarme entre sus muslos que se agitaban —a la vez que me rechazaba jadeando— hasta que fui presa de un espasmo de tantos estertores como agonías fueron sucediéndose.

—¡Levántate! ¡Vístete, niño! ¡Es hora de ir al Instituto!

Me levanté, y aún bamboleante de sueño atravesé lloroso entre aquellas tías, con la ilusión rota y la vista baja de vergüenza, en pos de la doncella de cristal.

HECHO EN MÉXICO

Sentado al mostrador de cualquier fonda placera, escribiendo mascaba, cuando la pareja de agentes policiacos lo sujetan y lo prenden.

El papel, que uno de ellos le arrebató de las manos y se ha guardado, dice:

"Al ser detenido, mientras comía, me hallaba escribiendo ésto:". . . días después, el Jefe de Policía rinde al Presidente de la Nación el siguiente informe, uno de cuyos párrafos comienza:

"La peor plaga que azota al país en estos tiempos, es la de esos individuos llamados bolcheviques. De estos criminales, los hay que se dedican a referir hechos vulgarísimos, con finalidades tan necias como demasiado peligrosas. A propósito, solamente para simple demostración de su desnaturalizado atrevimiento, adjunto encontrará usted un arrugado manuscrito inconcluso, tomado al azar de entre infinidad variadísima de documentos comprometedores de tal índole que les hemos recogido. A continuación, copiamos el texto íntegro de dicho manuscrito, suplicándole, con todo respeto, se sirva devolvérnoslo, para no truncar los expedientes:

"DEL CAPITALISMO
Y SUS EFECTOS"

"Hecho en México. - Producto Universal".

"Del puro sube una cola de humo".

"Afuera, toca el claxon del "Packard", el auto del patrón".

"Del escape del auto sale una cola de humo".

"Adentro, en su despacho, el patrón, panza arriba, en su sillón giratorio, acojinado, de muelles y resortes, se juega en la barriga un dije de platino, o se frota las manos —rubíes, diamantes, esmeraldas (bandera nacional)".

"Lo llama por teléfono una mujer de seda, lo llama por teléfono otra mujer de seda, lo llama otra mujer. Lo llama por teléfono su abogado, lo llama el Inspector de Policía. . .lo llama un general".

"El lobo tiene guardias en las esquinas de su fábrica".

"Policías que le cuidan la persona, la casa, la hacienda y el jardín".

"Los sillones son construídos en la fábrica del lobo. Al respaldo, terminan así su redacción unas planchitas de latón grabado:

"HECHO EN MEXICO-1932"
"Producto Nacional"

"El humo del puro; el humo del auto; el humo de las joyas que el patrón trae en el cuerpo; el humo de sus queridas; el humo de sus guardianes; el humo de su vientre y de su lengua; el sillón acojinado, de muelles y resortes: tisis, desnudez, hambre, brazos, manos, dedos, sudor y sangre de infinidad de empleados y obreros infinitos. . .

Cada segundo, minuto a minuto, hora por hora, día por día, año tras año. En cualquier fábrica, en todos los centros de trabajo del mundo burgués.

. . .¡Hasta cuándo, camaradas!".

¿Verdad, compañeros, que la máquina parece que canta; parece que cuenta? Ésta, acerina, pura, indes-

127

tructible, reluciente sobre sus cuatro patas cuadradas, venía con inflexiones de muchacho de escuela, repitiendo el son a toda máquina:

"1, 2, 3
1, 2, 3
1, 2, 3
1, 2, 3, 4
1, 2, 3
1, 2, 3
1, 2, 3
1, 2, 3, 4
1, 2, 3
1, 2, 3
1, 2, 3
1, 2, 3, 4

"¡uno!. . . . .¡jooj!. . . . .
. . . .(La máquina le trituró la mano al compañero)".

Lo demás no fue tan simple. El obrero quedó y débil. El muñón hasta la articulación del antebrazo.

El patrón mandó venir a su abogado.

—Es un sujeto peligroso. Siempre estuvo revolviendo con que "si aumento de salarios", que "higiene", que "si médico y medicinas", "vacaciones", que "a suprimir registros", "abolición de multas", qué sé yo. . . ¡El más escandaloso en la pasada huelga!, de cuya pérdida no acabamos de resarcirnos todavía. Sucede que hasta me alegro de lo que le pasó. ¡Si pudiéramos no darle nada, licenciado!

—Natural. . . de eso se trata. ¡A ver. . . ! Haremos

todo lo posible. Ya sabe que tengo muchos amigos en la junta. . .

Etcétera, del conciliábulo, como todos los conciliábulos de licenciados y patrones cuando urden sus trampas de crímenes legales contra el trabajador.

Naturalmente, en la Junta de Conciliación y Arbitraje fallaron en favor de la empresa. Los representantes del capital y del gobierno se rieron del obrero mutilado; lo insultaron y lo amenazaron. El representante del trabajo lo engañó, y acabó injuriándolo por "baboso" y extremista.

Desde luego, hubo testigos por parte de la empresa. El maestro de departamento calumnió "que él había visto que el obrero metió el brazo adrede". El portero, "que, como Ezequiel acostumbraba confiarle sus secretos (pues pretendía "jalárselo" para que lo secundara en su labor constante de dificultades a la empresa), dos tardes antes a la del accidente, al salir de la fábrica, le dijo: "Ya me harté de trabajar y trabajar como burro por nada. Voy a dejarme quitar una mano en el trabajo. Así me darán la indemnización; me iré a descansar y compraré una casita". "Que el portero, suponiendo se trataba de una sencilla 'vacilada' no le comunicó nada de ésto al patrón, por no enredarse en chismes, y sólo lo refirió en plática a una de las mecanógrafas, señorita Carolina N., quien debe recordar." La mecanógrafa, señorita N., declaró: únicamente sabía lo que le había dicho el portero, la mañana del día anterior al día en que ocurriera el percance, y es: "Ezequiel le contó al portero, que, para que le dieran una indemnización y dejara de trabajar, iba a dejarse quitar una mano por la máquina. Que no creyó llegase a tal locura el obrero Ezequiel, y sólo respondió: "¡Qué tonto!" "Que no tenía ningún deseo ni interés particular en que alguna de las partes ganase o perdiese el asunto, y se presentaba como testigo de la empresa, con el exclusivo objeto de que se hiciera justicia y se diera la razón a quien la tuviese".

¡Vaya!

Transcurrido un año, Carolina N. se puso tísica. Tuvo que abandonar el puesto. Ella y su madre son todos los supervivientes de una generación de míseros empleados y artesanos. Carolina sostenía la casa. ¡Pero ahora!, se deben seis meses de cuarto y el propietario les anuncia el lanzamiento, aunque sea de dos cuerpos y un catre, pues los otros muebles se acabaron.

Por tercera vez la madre va a ver al patrón. Las dos veces pasadas le dio dinero. Entonces. . . también. . . ¡seguramente! Carolina se moría, y la pobre dijo siempre que el patrón era ¡tan bueno!

La mujer entró con su joroba, sus harapos y los zapatos rotos y enlodados.

Una puerta que daba a la sala de espera lucía este letrero, en bruñidas letras, de bronce, sobre una placa del mismo metal a fondo verde: PRIVADO. Invariablemente, al notificársele al patrón que solicitaban entrevista con él, determinaba: "que pase", "que espere", o salía a recibir a la persona.

Dentro del PRIVADO, hacía veinte minutos que el presidente de la Asociación de Industriales estaba de visita. Las particularidades de este caballero son, además de vestidos y físico de pulcritud irreprochables, amplísimas espaldas; estatura descomunal; cara larga; prominentes quijadas y dientes macizos, larguísimos, de brillo y blancura extraordinarios.

Agotados los tópicos de negocios, de la política y los de las sutilezas que ambos personajes rivalizaban por expresar lo más amable y exquisitamente, la charla rozó algo que los dos estimaron al punto de una vulgaridad indigna de sus labios. Ciertamente, el presidente de la Asociación de Industriales fue el causante:

—Querido, ¿No sabe usted de un buen contador para mi fábrica? El que teníamos falleció la semana pasada de tuberculosis intestinal. ¡Pobre! Era muy competente. Estuvo treinta y cinco años con nosotros, sin una sola falta. A pesar de su crónica enfermedad, no dejó de asistir a la oficina, sino hasta dos días antes de su muerte. Crea que me apena. Ahora, esperamos que no moleste la familia. Ya ve qué de fastidiosa es esa gente. Aunque, ¿cabe duda?, nada sacarán. Sencillamente, morirse fue su gran torpeza, porque de veras, nos va a ser difícil ahora encontrar un empleado tan serio, tan competente y servicial. Nos preocupa. De veras, lo sentimos.

—¿Por qué? ¡Hay tantos! Por lo demás, es el destino de los pobrecillos. Para eso nacieron. Me parecen naranjas... después de exprimirles bien el jugo, no hay que molestarse sino tirar las cáscaras, ¡y a otras! Es su destino.

—¡Claro, claro...! Para eso nacieron. A mí no me arranca ni un centavo esa familia. Pero lo difícil es hallar otra naranja tan jugosa. Por eso no se le olvide mi encargo, monsieur Panchaude.

—Descuide, pronto le mandaremos uno por allá.

Sonreían y, tras premeditada pausa conveníase tácita la afable despedida, cuando el portero entró advirtiendo: "una señora pregunta por usted".

El presidente de la Asociación de Industriales precisó bajo sus lentes un guiño que, armonizado con una modificación en la sonrisa, adelgazada hasta las comisuras de los labios, posáronse acariciantes como efusivos pellizquitos sobre las orejas de su interlocutor, creándole un gesto matemáticamente fraterno, de la firma, de airosa picardía comprensiva: "¡Una señora!"

Halagado, mas, simulándose impávidamente candoroso, el aludido apareció en la sala de espera. Al cabo enfurruñó el rostro asolador. Estómago, cuello y pecho muy alzados, desparramaba la mirada a los cuatro vientos:

—¿Dónde está la señora?

—Ahí, señor, —repuso el portero, señalando.

Resultaba innecesaria la pregunta, pues había entendido sobradamente. Pero no hay patrón tan pequeño ni tan grande que no tenga un elevado concepto de sí propio, de la propiedad privada, de la consideración que lleva en sí. En todo propietario, esta propiedad adquiere la más noble y desinteresada forma de amor que adorna a un propietario. De aquí seguramente la contradicción: el que este patrón tan ponderado, risueño y fino con las gentes, hasta al dirigirse a los que explota, esta vez, ante el fraude de la visión preciada que había concebido, no pudiera dejar de advertir ese rasguño a su consideración y, entre tanto se fingía el desentendido, ideaba con enconado despecho creciente, alguna manera de reparar, de castigar, siquiera de palabra, aquel ultraje a la amorosa propiedad de su persona:

—¿Dónde está la señora?

—Ahí, señor.

—¿Dónde. . . ?

—Ahí, señor.

—Eso es una mujer... ¿Cuántas veces voy a repetirte, que al anunciarme a alguien te fijes bien si es como tú o como yo? Si es como tú, se dice: un hombre, una mujer... Si es como yo: será un señor, una señora. ¡Eso es una mujer! No en balde andaba yo buscando... y no encontraba la señora.

Y añadió, sin moverse del lugar, viendo a la anciana:

—¿Qué me quiere?

—Carolina... señor... mi hija... trabajó cinco años para usted... muy mala está... ¡Por compasión, señor!

—¿Y qué? Ya me cansó. ¡No soy una mina! ¿Y para esto se me molesta? ¿Para esto se me hace perder el tiempo?

Volvió los hombros convencido de reintegrarse a su despacho, silbándole al portero:

—¡Estúpido! ¡Saque a esa mujer!

La vieja encorvada se fue temblando, gimiendo, llorando, con el paño negro en sus dos ojos.

El portero la acompañó; una mano de él sobre la espalda de ella.

Y parecían un par de perros muertos.

En el PRIVADO, frente a sus papeles, el lobo vivo, con un magnífico puro entre los dientes, se hallaba panza arriba, aconchado al respaldo de un sillón giratorio de muelles y resortes. ¡Tiene mucho qué hacer! ¡No le hagan perder tiempo! Se frota las manos calentando sus brillantes...

A la cabecera del sillón, ésta pequeña plancha de latón grabado a fuego:

L U X E
Panchaude & Cía.
Fábrica de refrigeradores,
mobiliarios para oficinas y muebles
en todas clases y estilos
HECHO EN MÉXICO
1933

Esta mañana se verificó el lanzamiento. Carolina no pudo sostenerse de pie y la tuvieron que pegar a la banqueta en el catre de tijera. Con su fiebre, bajo el sol, revive las palabras de la madre al volver a rogarle al patrón y de orar en el templo, donde el cura la consoló:

—¡Dios la socorra!

Bajo el sol, apretaba la cinta delgada de los labios, mira, los párpados cerrados, la danza del sillón giratorio que el año pasado se fechaba 1932. Y siente en la garganta el sillón, el auto, la cola de humo del puro, tisis, lanzamiento, desnudez, hambre, brazos, manos, dedos, los pulmones. . . hombres. . . mujeres. . . masas. . . lápices. . . plumas. . . teclas. . . Aprisa, más aprisa. Mundo entero. . . gritos. . . disputas. . . van a matar al patrón, pero ella en el estertor, vidriantes los ojos, los brazos en alto, levanta la cabeza para defenderlo. . . en los precisos momentos que un camión al pasar rebasa la acera, salta sobre un charco y avienta un montón de lodo a los ojos de la enferma. . . con la boca abierta y débiles ronquidos, su cabeza iba a tumbarse en un choque seco contra el catre, si la madre no tuviera abrazada fuertemente a la hija, mejilla con mejilla, entre sollozos broncos y una desesperación de lágrimas de vieja. Todavía, y quizá por ese abrazo, corriendo lejos, de muy lejos, sobre un sendero horizontal y gris, agrandándose y agrandándose, viene a la mente de Carolina un muchacho de fuego, que le quema los labios, el cuello, las vértebras, el pecho. . . una tarde. Carolina, inclinada a la máquina, recargado contra un poste, durante dos horas, esperándola. Al salir de la oficina, con todo el gozo de su corazón, brincaba al encuentro del muchacho, cuando el señor Panchaude, abriendo una portezuela del auto, la llamó.

Tomó el volante el patrón con una mano y con la otra la mano de Carolina, a quien, cortés, galante, persuadió:

—Suba usted. . .

Subió. El polvo, posiblemente el polvo fue lo que deformó la figura que se quedó allí plantada, en medio de la calle, con la cabeza baja y los dientes apretados. Debía ser el polvo la causa de que, entre el torbellino de las razones, se le desapareciera, se le perdiese para siempre.

Su tristeza de años consistió en que él no comprendiese. No era un alarde. Era un deber que le imponía el plan. Como siempre, obedeció.

Ahora, Carolina se columbra un ovillito, como una bolita negra que flota, suspensa en el espacio. Y, con ademanes en las uñas de prendérselo, de asirlo eternamente, ya no siente, de sentirse un soplo, que arde todo a la flama de los besos. . .

Son las moscas de muerto que la rondan, que se pegan, que se ensucian, que se le ríen en la boca.

Hará una hora que el actuario, las demás autoridades y los empleados efectuaron el lanzamiento, cumpliendo la voluntad del dueño de la casa.

Lloviznó.

Tapa el rostro del cadáver aquel chal negro de la anciana.

Al margen de la rueda de curiosos, sólo cierto sujeto de pelo alborotado, que se agiganta sobre las puntas de sus pies por ver mejor, manifiesta un asombro rabioso y, ante la desolación de la impotencia, rompiéndose la gorra entre las uñas, ha rugido:

—¡Puta vida!

Podría ser el novio aquel de Carolina. . .

Podrá ser criminal, o bolchevique. . .

Puede ser un hombre, simplemente. Sin más ley.

LA ÚLTIMA VOLUNTAD

Noche a noche, salvo las de domingos y de fiestas nacionales, cuatro amigos y yo íbamos en ese tiempo al bar *Vesubio.* Supuesta mi persona, las otras eran el flaco, alto y verdoso facturista de la fábrica de galletas *Las Galaxias;* un empleado muy joven —pero con lentes obscuros— de cierta librería famosa; un coloraduzco mulato —costeño y de pelo crespo— que jamás acabó su carrera para médico, y el Secretario del Juzgado Tercero de lo Civil, chaparro de bigotito algo ridículo, encanecido prematuramente, medio tartamudo y tan prolijo en toda descripción que por ello acudí al diccionario y supe la causa de que a espaldas suyas le apodasen *Rábula.*

Coincidíamos allí, sólo para matar juntos las últimas horas, sin otra razón que la de vivir en el mismo barrio. Bebíamos algunas rondas de tequila que pagábamos por turnos, y a las once, más o menos, el quinteto se disgregaba. Esa vida de consuetudinaria inacción pronto hubo de aburrirme y cambié de ambiente. Pero de aquella época procede la curiosa historia que nos proporcionó una vez el funcionario judicial.

Si se actualiza el caso y nos desplazamos los oyentes, el principio del fin comienza entre nueve y diez de la mañana, cuando en la sala de espera del Juzgado están en una fila de sillas cinco sujetos parecidos, aunque de distintas complexiones y de uno y otro sexo —tres hombres y dos mujeres— que visten el riguroso luto de quienes por la pérdida de un familiar, cuyo entierro se consumó la víspera, vienen a denunciar su intestado, guardando aflictivo silencio y visible pesar en el semblante.

Los cinco (número igual, casualmente, al de nuestra pandilla de la taberna) son hermanos. En conjunto delatan, asimismo, su extracción típica de clase media, integrantes quizás de la rama burocrática entreverada con la del comercio en modesta escala. Según el orden que ocupan se llaman Carlos, Alfonso, Cristina, Jaime y Teresa. Jaime y Alfonso fuman. La expresión e indumentaria de Cristina revelan vanidad; el aspecto de Teresa, hipocresía. Por sus cataduras respectivas, los hombres pueden catalogarse a simple vista con los adjetivos que cada cual mereció de su difunto tío.

Al fondo, por el lado opuesto de la fila de asientos, hay una puerta cerrada, cuyo tablero tiene fijo este rótulo: *C. Juez.*

Perdida una hora en bochorno, picor de un sol cáustico que hiere de soslayo el luto de los dolientes encima de su sorda inquietud, aparece con su empaque clásico sin prescindir de las manguitas negras en los antebrazos, el Secretario.

—El señor Juez los espera; pueden pasar.

Los cinco hermanos se alzan a un tiempo y van desapareciendo por la puerta.

El juez dictamina que no procede aún la denuncia de los comparecientes, pues bajo su custodia obra un sobre lacrado cuyo contenido quizás aclare los ordenamientos de la herencia. Sin más dilaciones rasga el sobre, y al surgir por delante unos recortes de periódico, los repasa de prisa e interroga:

—¿Sabe la parte actora si su familiar debía sumas de dinero?

Presas de alarma se miran entre sí los enlutados, hasta que, simultáneamente casi, cuatro de ellos —Alfonso, Jaime, Carlos y Cristina— responden:

—¡Imposible, señor juez!

—¡No sería un Avila Melgosa!

—¡Ninguna, hombre!

—Era un caballero católico, de hábitos estrictos.

Aprueba el juez los dichos con pausados movimientos de cabeza, mientras blande, solemne, uno de los impresos, a la vez que doña Teresa exclama:

—El Señor le prodigó sus dones por su santa devoción.

—Perfectamente, señora. Por estos edictos o avisos que mandó publicar y que, según consta en notas al margen, aparecieron durante un mes en la prensa de todo el país sin presentación de cobro por ningún posible acreedor, se desprende que su familiar no debía ni un centavo a nadie. Licenciado. . . —alude al Secretario— ¿quiere poner a los presuntos herederos al corriente del texto?

Conforme al protocolo, el aludido carraspea:

—El que suscribe, Andrés Avila Melgosa, con domicilio en la calle de Allende número 614, hace saber que toda persona que se considere con derecho a reclamarle alguna deuda o cualquier obligación personal, acuda a su mencionado domicilio, de 8 a 10 a. m., para el cobro conducente.

—No se presentó nadie —recargados los anchos lomos del juez en el respaldo del sillón, concluye— y es de inferirse, por ley, que no tenía deudas.

Los cinco enlutados, olvidando momentáneamente sus portes de sombría pesadumbre, proclaman:

—¡Ninguna! ¡Claro! Bien decíamos.

—A sabiendas de no tener ninguna deuda, llevó al extremo sus escrúpulos.

—Siempre hizo honor a su apellido.

—Poca o mucha su fortuna, procuró a toda costa mantenerla sana. ¡Eso sí!

—No porque su propia sangre corra por nuestras venas deben silenciarse las virtudes del tío Andrés.

—¡Que en gloria esté!

Halagüeño reitera el juez sus aprobatorios ademanes.

—Perfectamente. . .perfectamente. Licenciado, sírvase dar lectura al documento adjunto a los edictos —y pasa el legajo al Secretario, que carraspea de nuevo, saca un pañuelo para desesperación de los presuntos, vuelve a toser y se limpia parsimonioso los bigotes.

—Yo, Andrés Avila Melgosa, de setenta y siete años de edad, en pleno uso de mis facultades, soltero, sin ocupación definida, originario y vecino de México —Distrito Federal— y de nacionalidad mexicana, declaro: que durante los días que ordené publicar los avisos anexos en la prensa de mayor circulación, mi vida transcurría en su habitual rutina. . .

Para no cansar a ustedes, abreviaré aquí las características nimiedades de la vida del anciano Andrés Avila Melgosa durante sus últimos meses, nimiedades que no fueron diferentes, con seguridad, a las que singularizaron al personaje desde treinta y cuatro años atrás que tenía de ocupar un cuartito de azotea en la mísera vecindad de un barrio popular. A las once de la mañana se levantaba, y entre indirectas alusivas, si no es que un mudo lenguaje de miradas y muecas, hostilmente burlonas, del vecindario —hijas o mujeres de artesanos y de obreros, el vendedor ambulante que va o viene, algunos vagos crónicos u ocasionales y su chorreada prole— salía el viejo con una guindante ollita de peltre a buscar su desayuno. En la puerta del zaguán lo esperaba un perro corriente, flaco y astroso, que después de unas reposadas carantoñas lo escoltaba. Pasaban por la lechería, la panadería, y de regreso por la carnicería, donde el morrongo [1] llegábase a la calle y dejaba en el suelo un papel con la comida del perro.

Pagaba el anfitrión, y mientras el convidado devoraba el sustento, volvía el anciano a la vecindad, trepaba por esos angostos y tenebrosos pasillos las escaleras de los cuatro pisos y entraba de nuevo a su cuarto de azotea. Encendía fuego de carbón en un anafre, y a no ser que lloviera, invariablemente sacaba éste al umbral de la puerta. Ponía la ollita encima de las brasas, y a soplar con el aventador hasta que se alzaban llamas y revoloteaba ceniza entre vivaz, saltarín, chisporroteo.

Las vecinas, sobre todo una muy roñosa, llamada —creo— Celedonia, que como lavandera de ropa ajena colgaba de los tendederos grandes sábanas dos veces a la semana, por lo menos, se desataban en improperios:

—¡Ruco paletudo éste, meta su brasero o se lo aventamos con todo y leche! ¡No más quema la ropa y verá, canijo!

—La que se friega es una, él. . .¿con qué paga?

---

[1] Nombre dado al aprendiz de carnicero.

—Déjese de tanta sopladera, ¿no oye?

Sin responder ni mirarlas, el viejo, gratificándose la memoria con el regodeo de un íntimo sentimiento de venganza, metía el anafre a su cuarto y cerraba.

Los lunes, a eso de las ocho de la mañana, una de las criadas de sus sobrinas o sobrinos le golpeaba la puerta para preguntar por su salud. Jamás abría. Limitábase a gruñir;

—Diga que estoy bien— y se volvía rencoroso a reanudar el sueño.

A las doce, infaliblemente tomaba el sol en la banca de cierto jardín cercano, donde leía un diario de la fecha.

Son estas horas plácidas de lectura y luz, en contacto con el mundo lejano, las mejores dentro de esa existencia que no siente de la juventud otra nostalgia que la del vigor físico, hasta que de pronto inundan el parque las risas y gritos de los escolares que atraviesan corriendo. A poco suena el silbato de una fábrica próxima. Es la señal para huir como todos los días, bajo el peso de aquellos odiosos recordatorios de la certidumbre del cercano acabamiento. Relevan a los grupos escolares los de obreros y obreras que con su retozo y vocerío anónimo llenan bancas y prados en los que apiñan loncheras y paquetes de provisiones.

El anciano abandona su asiento y va en derrota, seguido por el perro.

Su figura de traje raído con grasientas manchas y zapatos rotos y polvosos, en pisar torpe, temblequeante, cruza esas calles pletóricas de vértigo promiscuo. "¡Muerte!", debía gritarle la vida dentro de las entrañas presas de angustiosa irritación e irascible timidez.

¡Muerte! porque no era jueves. Los jueves a esa hora estaba en una casa de baños que lo contaba entre sus clientes para el servicio entero que incluía el de masaje, manicure, pedicure. . .

Probablemente permanezca nebulosa para ustedes la identidad del rábula, el licenciado Rubén Moncada, como el chaparro y prolijo Secretario del Juzgado Tercero de lo Civil en aquel entonces, cuando nos relató que consta en el manuscrito —al cual dio lectura esa mañana en presencia de las dos sobrinas y los tres sobrinos del difunto— que cada jueves el viejo vestía de lo mejor y compraba los más caros ramos de flores, que anocheciendo llevaba de regalo a una dicha señorita de unos 25 años, bastante agraciada y dueña de un pequeño salón de belleza.

Una vez que llegó el viejo algo retrasado, sufrió la mortificación de verla subir, en compañía de un joven, a un auto de lujo. Arrojó al suelo el ramo de flores y descorazonado, retornó a su cuchitril; pero ella le recompensó a los pocos instantes. Vino en su busca para darle una disculpa y llevarlo entre las mayores finezas a pasar la noche en su departamento, como todos los jueves.

Un velo espeso cubre las relaciones indefinidas entre aquella mujer guapa y el viejo, que, años después del incidente consignado, enfermó de gravedad, y habrá de suponerse imaginaron los sobrinos un lunes al decirles la criada:

—Pos toqué mucho la puerta y nada que me contestó su tío Andresito.

Se informan del hospital donde ha ido a encamarse y acuden todas las mañanas para rezar e interceder por la salvación del alma del enfermo, que fingiéndose agónico cerraba siempre los ojos ante sus parientes.

Duró así meses. Por las tardes recibía el contento de la visita entre sonrisas y flores de la dueña del salón de belleza. Tenía un compañero de cuarto, un tornero mecánico, que para una larga medicación llegó víctima de un padecimiento en la columna vertebral.

Aprovechaba el viejo sus pocos ratos de absoluto aislamiento, para escribir lo que de memoria he resumido con propósito de fidelidad semejante al escrúpulo que bien recuerdo confesó él haber puesto de por vida en ocultarlo, hasta que una mañana —conforme al legajo fiado a la custodia del juez— "sintiendo una leve mejoría y previo permiso de dar un paseo" que le otorgó la Dirección del Hospital, fue al bufete de un notario público a depositar lo escrito y certificarlo con sus conclusiones.

En la imaginación de cada uno de los presentes a la mesa del bar, se reproduciría, creo yo, al igual que dentro de mí, la escena de los cinco sobrinos enlutados ante el Juez, oyendo no menos ansiosos que confusos la lectura del Secretario, licenciado Rubén Moncada, quien ahora, para satisfacer nuestro progresivo interés, sacó de su bolsillo, como testimonio de veracidad, dos pliegos escritos a máquina por una sola cara. Eran copias de la parte última del documento original, motivo de relato. Nos distribuyó las hojas, que repasamos en silencio mientras en voz alta lo hacía él:

TESTAMENTO

Yo, Andrés Avila Melgosa, sin ocupación definida hoy, según dije, pero comerciante retirado y las demás generales que constan en los preliminares de mi exposición, ante la presencia del Notario y de los honorables testigos de ley, declaro que es mi voluntad no dejar un solo centavo a ninguno de mis cinco sobrinos, únicos familiares que tengo, porque tal vez por su desahogada posición económica estuvieron siempre, particularmente desde hace tres años en que enfermé del corazón, al acecho de mi muerte, y porque, además de esta actitud, las naturalezas del carácter que a cada uno distingue confirman mi determinación. A fin de que no aleguen derechos ni puedan recurrir a socorridos procedimientos de simular deudas, falsas letras de cambio, etc., para la iniciación de algún juicio después de mi muerte, el Notario da fe de que publicados en la prensa los adjuntos avisos o edictos por los que cité a quien o quienes pudiera deber yo algo, nadie se presentó. Desheredo a mi sobrina Cristina, por egoísta y vanidosa; a Teresa, por hipócrita; a mi sobrino Carlos, por mal hombre; a mi sobrino Alfonso, por imbécil; y a Jaime, simplemente por chocante. Es mi última voluntad que todos mis bienes, consistentes en un millón seiscientos cuarenta mil pesos en efectivo, depositados en el Banco Nacional, se repartan por sumas iguales entre cuatro personas: la señorita Irene Rosillo, dueña del salón de belleza "Iris", ubicado en el número nueve de la calle *Tamesí,* porque no obstante su vida un poco equívoca recibí tesoros de su alma de mujer; me hizo conocer la *ternura.* El señor Lisandro Martínez, motorista de la Compañía de Tranvías, porque la mañana de un domingo en un parque, donde él paseaba con sus niños mientras caía yo presa de un síncope, se los encargó a una señora, me condujo a una botica en que pagó de su bolsa médico y medicinas y me llevó en taxi hasta mi casa; me hizo conocer la *fraternidad.* La señora Carmen Graniel, propietaria de una fonda que hay bajo una caseta de madera frente a la Aduana de Pulques, en las cercanías de la estación de Hidalgo, porque una vez que de paso le pedí un caldo me tomó por un limosnero y no me quiso cobrar, acción que repitió siempre que ocasionalmente —oculta mi identidad— comí en su fonda; me hizo conocer la *piedad*. El señor Zenón Ramírez, mi compañero de cuarto en el hospital cuando estuve muy grave, porque durante las noches y a toda hora me atendía sin acordarse de sus males; me hizo conocer la *generosidad*. Él y su familia ocupan la vivienda número 17 de una vecindad marcada con el número 63 de la calle del Estaño. Por último, pido a todas estas personas que, por turnos, recojan a un perro vagabundo que diariamente recorre los alrededores de la carnicería "El Buen Trato", cerca de mi casa y donde pueden identificarlo por el nombre de "*Chacho*". Me acompañaba en mis paseos de enfermo, y por él conocí la amistad.

Oímos el bajar de la última cortina de acero de la taberna. Quisimos a tiempo devolver cada copia del escrito al Secretario del Juzgado, quien metiéndose las manos al bolsillo para pagar la ronda, que le correspondía, dijo que nos la obsequiaba como recuerdo.

Al desvestirme junto a la cama de mi cuarto de casa de huéspedes, ebrio como me sentía de tanto tequila ingerido abusivamente a cuenta de lo largo de la testamentaria historia, desfiló ante mí, a modo de parábola, el perro filosófico, extenuado y de pelambre cochambrosa y rala. Iba él por una calle anchísima, solitaria en absoluto, lisa y reluciente por la luz de una luna llena que plateaba la humedad de aquella helada noche. Los monótonos repiques de las uñas del perro contra el asfalto, agigantaban con los intervalos de su andar el eco de los profundos espacios del silencio. De improviso el cabizbajo, el errante *Chacho,* halló un brilloso, marfilino, pelado hueso. Era del pie de la detenida muerte al dar un paso. Mordió el perro esquelé-

146

tico y mordió durante largo tiempo, hasta casi despuntar el alba, en que la muerte intrépida y a la vez paciente le dijera:

—¿Por qué muerdes tanto si nada tengo de comer?

Y el perro, sin alzar la cabeza, contestó:

—Sí, pero como no tengo nada que hacer.

"¿Escribí yo esto alguna vez, lo leí, lo vi o me lo contaron?" —comencé a preguntarme. ¡Vano esfuerzo! En el mínimo espacio del centro de la memoria de un pequeño cerebro, donde a millones caben los más variados fantasmas de la muerte que reían en macabra procesión, no pudo brotar a ciencia cierta ni siquiera el asomo de una idea de respuesta, e inconsciente de sueño, un sueño mortífero al que me lanzó —sin duda— un raro terror, caí con todo mi peso bestial sobre la cama, perdida quizás mi pobre risita entre la descarnada mueca del retumbante reir de esos fantasmas.

¿Cuánto tiempo hará de esto? ¿Seré hoy, como entonces, amigo Juan, tan alegre, suelto y joven? ¿Qué piensa usted, amigo Juan?

ÍNDICE

Este libro se acabó de imprimir el día 30 de julio de 1982 en los talleres de EDI- MEX, S. A., Calle 3, núm. 9, Naucalpan, Edo. de México. Se tiraron 5 000 ejem- plares.